『キリスト者の自由』を読む

ルター研究所 編著

LITHON

宗教改革五〇〇年を記念して

宗教改革五〇〇年記念事業の企画の一つとして、日本福音ルーテル教会では推奨四冊を掲げました。まず『マルティン・ルター』（徳善義和著、二〇一二年、岩波新書）です。記念事業を推進する前にすでに刊行されていましたが、推奨書となりました。他の三冊は二〇一四年から毎年一冊ずつ刊行され、『小教理問答　エンキリディオン』、『アウグスブルク信仰告白』の順で、そして最後に『「キリスト者の自由」を読む』が出版されることになりました。編集及び翻訳、執筆の労は、ルーテル学院大学・日本ルーテル神学校ルター研究所が担ってくださいました。

毎年一冊ずつ出版することには狙いがありました。それぞれを一年の間に学んでいただくためです。『マルティン・ルター』によってまず宗教改革者ルターの生涯とその教えを学習し、『小教理問答　エンキリディオン』からはキリスト教信仰についての基本的なことを学び、しかもそれを信仰生活の必携とし、家庭を中心とした信仰教育の手本ともしていただくためです。その次の『アウグスブルク信仰告白』を通しては、ルター派の基本的教理を確認していただくことを期待し、そして最後に『「キリスト者の自由」を読む』が刊行されます。では、本書の狙いは何か。それはキリスト者にとっての福音に与る喜びと生き方を学ぶためです。

ここに日本福音ルーテル教会の宗教改革五〇〇年記念事業について記すならば、この事業の目的を「明日の宣教へ踏む出すために」とし、それを「過去に学び、今を問い、未来に踏み出す」という視点で取り組むことにしました。推奨四冊もこの視座で選ばれたものでした。五〇〇年前のルター及びルター派の歴史とその遺産を学び直し、そして今、この日本の教会を取り囲んでいる現実と教会の現状を直視し、そこで宗教改革の教えがどのように貢献できるのかを考えたいのです。それを経て、私たちの教会が未来に向かって踏み出すべき道を見出して行きたい、そのような狙いを定めたのです。『「キリスト者の自由」を読む』は、私たちの教会とそこに連なる者がこれから歩むべき道を照らし、具体的に踏み出す道を提示するものだと確信します。

ルターが『キリスト者の自由』を執筆したのは五〇〇年前のことで、しかもほとんどキリスト者しかいなかったドイツで書かれたものです。今日、そしてこの日本の国でこの書を読むのであれば、その読み方は当時とは異なるはずです。もちろん、いつの時代でもイエス・キリストによって与えられた福音の真理は変わることはないし、それを『キリスト者の自由』は明瞭に教えています。しかし、福音の真理と出会ったキリスト者が、この世でいかに生活し、具体的にどのようにして神様と隣人に仕えてゆくべきなのか、それはきっとルターの時代とは異なるところがあるに違いありません。

『「キリスト者の自由」を読む』。まさにこの書を自分自身で「読み」、また教会やグループの中で仲間と「読んで」いただきたくことを願っています。キリスト者として、自由に、喜びと感謝をもって生きるための一助としていただければ幸いです。

日本福音ルーテル教会 総会議長　立山忠浩

「ルターの肖像」ルーカス・クラナッハ画、1526 年。

目次

『キリスト者の自由』（抄訳）

徳善義和訳

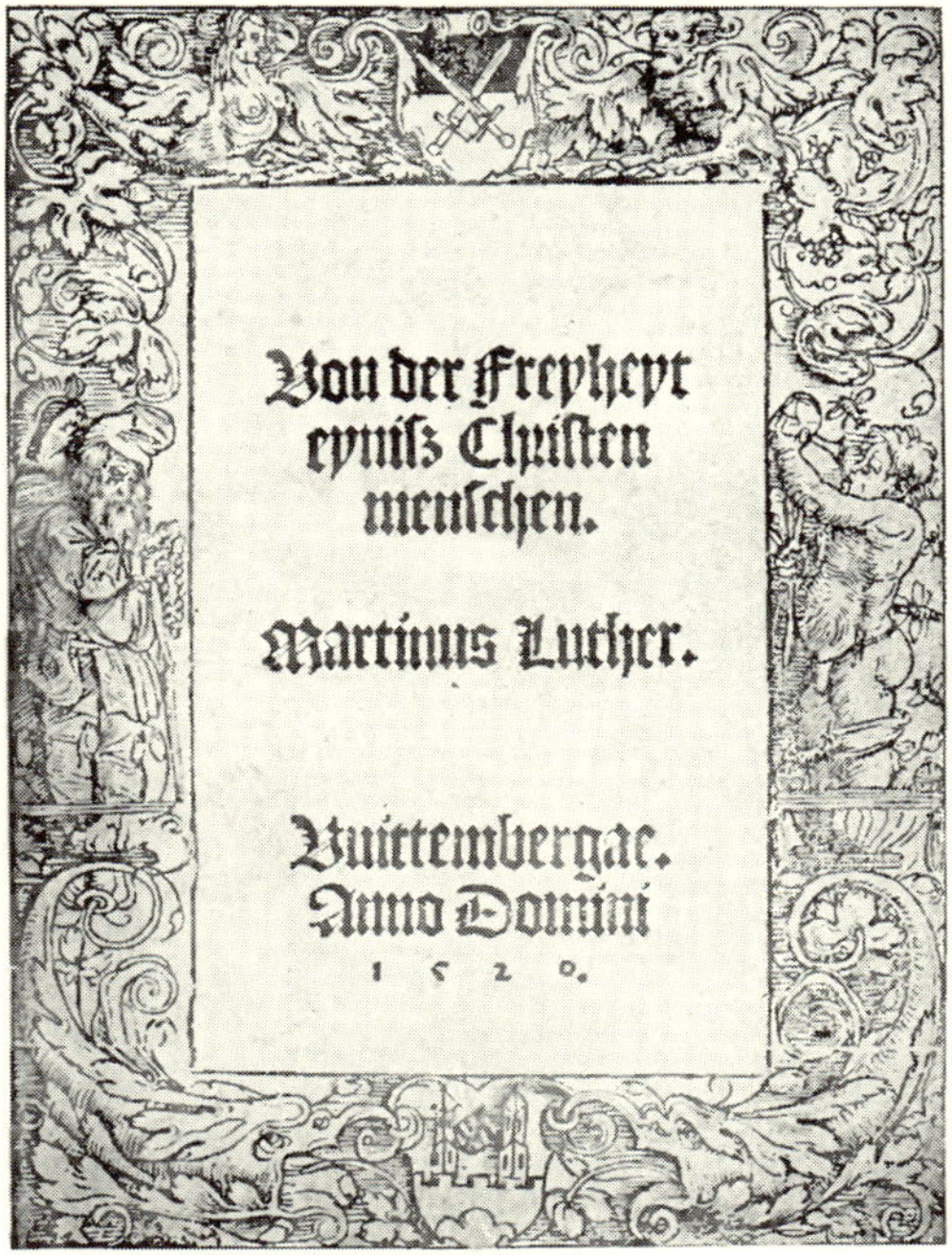

『キリスト者の自由』扉頁、1520年刊。

キリスト教的人間の自由（抄訳）

第一　キリスト教的人間とはなんであるか、また、キリストがこれに獲得して与えてくださった自由とはどのようなものであるか、これについて聖パウロは多くのことを書いているが、私たちもこれを根底から理解できるように、私は次のふたつの命題を掲げようと思う。

キリスト教的人間はすべてのものの上に立つ自由な君主であって、だれにも服しない。
キリスト教的人間はすべてのものに仕える僕《しもべ》であって、だれにでも服する。

このふたつの命題は、聖パウロがコリントの信徒への手紙一第一二章〔実は九・一九〕に「私はすべてのことにおいて自由であるが、自らすべてのものの僕となった」

と言っており、また、ローマの信徒への手紙第一三章〔八節〕に「あなたがたは互いに愛し合うことのほかは、だれにもなにも負ってはならない」と言っているとおり、明らかである。ところで、愛とは、愛しているものに仕えて、それに服するものである。

第二　自由と奉仕とについての、互いに矛盾するこれらふたつの命題を理解するために、私たちは、どのキリスト教的人間にせよ、霊的性質と身体的性質との二様の性質を持っていることを記憶しておかなければならない。魂の面では彼は、霊的な新しい内的な人間と呼ばれ、血肉の面では、身体的な古い外的な人間と呼ばれる。この区別のゆえに、私がいま自由と奉仕とについて語ったような、はっきり相反することが、聖書においてキリスト教的人間について言われているのである。(『キリスト教的人間の自由』七・二〇―二二)

第三　さて私たちは内的、霊的な人をとりあげて、これが義なる自由なキリスト教的人間であり、また、そう呼ばれるために、なにがなくてはならないかを見ることにしよう。そうすると、外的なものはなんにせよ、どう呼ばれようと、決して人を自由にしたり、義としたりすることはできないのは明白である。なぜなら、人の義とか自由とか、逆に悪とか束縛とかは、身体的なものでも、外的なものでもないからである。

第五　魂は、聖なる福音、すなわち、キリストについて説教された神のことば以外には、自らが生き、義であり、自由であり、キリスト者であるようにするいかなるものも、天においても、地においてももっていない。（……）私たちは、魂が神のことば以外のあらゆるものをなしですますことができるが、神のことばがなければ、ほかのどんなものをもってきてもなんの助けにもならないことを確信しなければならない。魂が神のことばをもっているなら、もはやほかのどんなものも必要としない。（……）

第六　だが、これほど大きな恵みを与えるみことばとはいったいどんなものなのか、また、それをどう用いたらよいのかと問われるならば、答えはこうである。神のことばとは、福音書のなかにあるような、キリストによってなされた説教にほかならない。すなわちそれは、あなたの生活と行ないとがすべて神のまえには無であり、あなたのうちにあるすべてのものとともにあなたが永遠に滅びるほかはないと、神があなたにお語りになるのを、あなたが聞くことであるべきだし、またそのようになされているわけである。あなたがこのことを、自分でなすべきとおりに正しく信じるなら、あなたは自分自身に絶望しなければならない。(……)ところが、あなたがあなた自身から、すなわち、あなたの滅びから脱出できるようにと、神は愛するみ子イエス・キリストをあなたのまえに立て、その生きた、慰めのみことばによってあなたに、「あなたは確固たる信仰をもってキリストに身を委ね、思い切ってこれを信頼すべきである。そうすれば、その信仰のゆえに、あなたのすべての罪は赦され、あなたの滅びはすべて克服され、あなたは義となり、真実となり、平安を与えられ、正しくなり、すべての戒めはみたされて、あなたはすべてのものから自由とされるであろう」とお語りになるのである。(……)

第七　それゆえに、みことばとキリストとを十分に自分のうちに形成し、そのような信仰をたえず鍛え、強めていくことが、当然キリスト者のなすべき唯一の行ないであり、訓練であるべきである。なぜなら、これ以外の行ないはどれひとつとしてキリスト者たらしめないからである。（……）信仰は、自らのうちに、簡潔にすべての戒めの成就を含んでいるのだが、信仰をもつすべての人をあふれるばかりに義として、義となり正しくなるために彼らがもはやなにも必要としないようにする。（……）

第八　（……）聖書全体が二種のことばに分けられるということも、知らなくてはならない。すなわち、神の戒めもしくは律法と、契約もしくは約束とである。戒めは私たちに多くの種類のよい行ないを教えたり、命じたりするが、それだけではよい行ないはまだ成就したことにはならない。戒めはなるほど指示はするが、助けはしない。なにをなすべきかを教えはするが、そのための力を与えてはくれない。それゆえ戒めはただ、人間がこれによって善に対する自分の無能さを悟り、自分自身に絶望することを学ぶために定められたものである。（……）戒めは、私たちがみな罪人であって、いかなる人であっても、自分の欲することを行なう際に、悪い欲望なしではありえないことを証明している。そこから、人は自分自身に絶望して、悪い欲望なしに生きるためには、どこかほかから助けを求めるべきであり、自分自身では満たすことのできない戒めを、他の助けをかりて満たすようにすべきであることを学ぶのである。

第九　(……)そこで別のみことばがやってくる。すなわち、神の契約もしくは約束であって、次のように語る、「あなたがすべての戒めを満たし、戒めが強制し要求しているとおりに、悪い欲望と罪から解放されたいと願うのならば、さあ、キリストを信じなさい。キリストにおいて私はあなたに恵みと義と平安と自由のすべてを約束する。あなたが信じるなら、これを得るし、信じないなら、得ない……」と。このように神の約束は、戒めが要求するものを与え、戒めが命じることを成就する。(……)

第一二　信仰は、魂が神のことばと等しくなり、すべての恩恵でみたされ、自由で救われるようにするばかりでなく、新婦が新郎とひとつにされるように、魂をキリストとひとつにする。この結合から、聖パウロも言っているとおり〔エフェソ五・三〇〕、キリストと魂とはひとつのからだとなり、両者の所有、すなわち、幸も不幸もあらゆるものも共有となり、キリストが所有しておられるものは信仰ある魂のものとなり、魂が所有するものはキリストのものとなる、という結果が生じる。ところでキリストはいっさいの宝と祝福とをもっておられるが、これらは魂のものとなり、魂はいっさいの不徳と罪とを負っているが、これらはキリストのものとなる。ここに今や喜ばしい交換と取り合いとが始まる。（……）

第一五　さてキリストは誉れと位とをそなえた初子《ういご》の特権を有しておられるが、これを御自分に属するすべてのキリスト者にも分け与えて、彼らもまた信仰によってキリストとともにみな王となり、祭司となるようにしてくださる。（……）つまり、キリスト者は信仰によってすべてのもののうえに高く挙げられて、霊的にすべてのものの主となるというわけである。（……）

第一六　そのうえ、私たちは祭司である。このことは、王であることよりも、はるかにすぐれていることである。なぜなら、祭司の務めは私たちを、神のまえに出て、他の人々のために祈るに値する者たらしめるからである。神の目のまえに立って祈るということは、祭司以外のだれにも許されない。だからキリストは、私たちが霊的に他の人のために、他の人にかわって立ち現れ、祈ることができるようにしてくださったのである。（……）

第一七　ところで、みながみな祭司であれば、いったいキリスト教会における司祭と信徒のあいだにはどんな区別があるのかと問うことだろう。答えはこうである。祭司とか、聖職とか、これに類する言葉に対して不当なことが起こっているのである。つまり、これらの言葉が一般信徒の群れから引き離されて、今日聖職階級と呼ばれている少数の者に移されてしまっているからである。聖書は学者や聖別された人々を、他の人々にキリストと信仰とキリスト教的自由とを説教する奉仕人、僕、管理者と呼ぶ以外の区別をしていない。つまり、私たちみなが祭司であっても、みながみな仕えたり、管理したり、説教したりできるわけではない。（『キリスト教的人間の自由』七・二一―二九）

第一九　（……）そこで私たちは第二部、外なる人の問題にとりかかろう。ここで私たちは、今まで語られてきたことにつまずいて、「信仰がすべてであって、義となるために信仰だけで十分であるとすれば、いったいなぜよい行ないが命じられているのか。私たちはよいものになりたいと思って、しかもなにもしないでよいのか」といつも言っているすべての人に答えたいのである。決してそうではないのだ。あなたがただもう内的な人であって、まったく霊的、内的となってでもいたら、そうかもしれない。だが、そのようなことは終わりの日に至るまでは実現しないことなのである。地上においては、発端と進歩とがあるだけであって、完成されるのは彼岸の世界においてである。それゆえ「キリスト教的人間は仕える僕であって、だれにでも服する」とはじめに言ったことは、ここにかかわってくる。つまり、キリスト者は自由であるかぎりなにをも行なう必要はないが、僕であるかぎり、あらゆる種類のことをしなければならないのである。

第二〇　人間は、（……）地上においてはまだこの身体的な生のうちにとどまっており、自分自身の身体を支配し、人々と交わっていかなければならない。ここに行ないが始まるのであって、彼はいたずらに時を過ごしてはならないのである。ここに確かに身体は断食、徹夜、労働、その他あらゆる適度の訓練をもって駆り立てられ、鍛練されて、内的人間と信仰とに服従し、これと等しいかたちをとるように、また、（これを）妨害したり、反抗したりすることのないようにされなければならない。（……）

第二三　それゆえ、次のふたつの文章はどちらも真実である。よい義《ただ》しい行ないが、よい義しい人をつくるのでは決してなく、よい義しい人が、よい義しい行ないをする。また、悪い行ないが悪い人をつくるのでは決してなく、悪い人が悪い行ないをする。つまりいずれにせよ、まずもって人があらゆるよい行ないに先だって、よく義しくあり、よい行ないがこれに続き、義しいよい人から生じてこなければならないのである。（……）信仰は、人を義しくすると同様に、よい行ないもする。（……）キリスト者はすでに信仰と神の恵みによって満たされ、救われているので、行ないをなしながらも、そこにおいてただ神のみこころにかなうことのみを願うのである。

第二六　一般の行ないと、キリスト教的人間が自分の身体に対して課すべき行ないとについては、これで語り終えたこととしよう。さて、キリスト者が他人に対して行なうもっと多くの行ないについて語ろう。なぜなら、人間はこの地上においては、身体をもって生きているばかりでなく、他の人々の間でも生きているからである。それゆえ、人間は他の人々に対して行ないなしでいることはできないし、行ないが義や救いのために必要でないとしても、他の人々と話したり、かかわりをもったりしないわけにはいかない。だからこれらすべての行ないにおいては、意図は自由でなければならず、その行ないをもって他の人々に仕え、役に立とうという方向にだけ向けられていなくてはならない。つまり、他の人々に必要なこと以外は考えないわけである。これがキリスト者の真実の生活であって、ここでは信仰は喜びと愛とをもって行ないの中に入っていくのである。（……）パウロは、すべての行ないが隣人の益となることを目指すべきであると言っている。各人は自分自身のためには自分の信仰だけで十分であって、その他のすべての行ないと生活とは、自由な愛をもって隣人に仕えるために残されているというのである。さらに聖パウロはキリストを模範としてあげている〔フィリピ二・五以下〕。

第二七（……）さてキリスト者はまったく自由なのであるが、自分の隣人を助けるために、かえって喜んで自らを僕とし、神がキリストをとおして自分とかかわってくださったとおりに、隣人と交わり、またかかわるべきである。つまり、すべて報いを考えずに、ただ神のみこころにかなうことのみを求め、次のように思うべきである。すなわち「まことに私の神は、まったく価値のない、罪に定められた人間である私に、なんの功績もなしにまったく無代価で、純粋の憐れみから、キリストをとおし、キリストにおいて、すべての義と救いのみちみちた富を与えて、これからのみ私が、そのとおり信じる以外にはもはやなにも必要でないようにしてくださった。このあふれるばかりの財宝を私にこのように注いでくださった父なる神に向かって、私もまた、自由に喜んで、報いを考えずに、みこころにかなうことを行ないたい。また、キリストが私に対してなってくださったように、私もまた、私の隣人に対してひとりのキリスト（のようなもの）になりたい。そして、隣人にとって必要であり、益となり、救いに役立つ以外のことはするまい。私は私の信仰によりすべてのものをキリストにあって十分にもっているからである」と。見よ、このようにして、信仰から、神への愛と喜びとが流れ出、愛から、報いを考えずに隣人に仕える自由で自発的で喜ばしい生活が流れ出るのである。（……）

第三〇　これらすべてのことから、次の結論が出てくる。すなわち、キリスト教的人間は自分自身においては生きないで、キリストと隣人とにおいて生きる。キリストにおいては信仰によって、隣人においては愛によって生きるのである。キリスト者は信仰によって自分自身を越えて神に至り、愛によって再び神から出て自分自身の下にまで至り、しかも常に神と神の愛のうちにとどまりつづける。（……）見よ、これこそ真の霊的なキリスト教的自由であって、あらゆる罪と律法と戒めから心を解放するものであり、天が地とへだたるごとく、他のすべての自由にまさる自由なのである。

願わくは、この自由を正しく理解し、保つ力を、神が私たちに与えてくださるように、アーメン。（『キリスト教的人間の自由』七・二九―三八）

※出典はワイマール版ルター全集（巻数・頁数）

『キリスト者の自由』を読む人のために

『キリスト者の自由』は、数多くあるマルティン・ルターの著作の中でも、日本では最も多く読まれた著作であると思われます。早くから「岩波文庫」の一冊として翻訳出版され、版も重ねられてきたからです。「岩波文庫」版の他にも、様々な形で出版がなされてきました。ルターは本書をドイツ語とラテン語で書きましたが、「岩波文庫」版も含め、翻訳の多くはドイツ語本文からのものでした。

『キリスト者の自由』は、ルターの執筆活動が頂点を迎えた一五二〇年に書かれましたが、少し特殊な事情がありました。本書には当時の教皇、レオ一〇世に対する献呈文が添えられています。宗教改革が始まってからまだ日の浅いこの時期には、対立を解消し、和解を達成しようとする様々な働きかけがありました。ルターからのそうした働きかけの一つが本書でした。ドイツ通の教皇侍従、ミルティッツからそうするようにと説得されたからです。ところが、ルターの破門を強く示唆する教皇勅書、『エクススルゲ・ドミネ』（主よ、立ち上がってください）が、同年の六月一五日に公布され、九月末にはザクセンでもそれが公示されていました。そこで、執筆は一〇月になっていましたが、日付を教皇勅書がまだ届いていない九月六日付けにするという手の込んだ工夫もなされました。また本書には、レオ一〇世に対する献呈文とは別に、ツヴィカウ市長ヒエロニムス・ミュルフォルトに対する献呈辞も添えられています。この献呈辞は、教皇勅書でルターと並んで非難された同市の説教者エグランの奨めによるものですが、ルターとしてはエグランとの友情にこたえたものでした。

本文は、冒頭に二つの命題を掲げることから始まっています。

キリスト者はすべての者の上に立つ自由な主人であって、だれにも服さない。
キリスト者はすべてのものに仕える僕であって、だれにでも服する。

つまり、キリスト者は「だれにも服さない自由な主人であると同時に、だれにでも服する僕である」ということになります。「義人にして同時に罪人」とか、「神はイエス・キリストの十字架の苦難と死の中に、啓示されていると同時に隠されている」（ハイデルベルク討論）とか、「健康にして同時に病気」（ローマ書講義）とかいったルターの発言と同じ発想に基づく発言です。

相互排他的な事態を「同時に」という連結詞で結び付けるルターの思考回路はどうなっているのでしょう。一三世紀のトマス・アクィナスの『神学大全』で頂点を迎えていたスコラ神学とは、発想法がまったく違っています。

トマスの思考回路は、アリストテレスの論理学に基礎を置いていました。そこでは、厳密な定義と緻密な論理展開が特長になっていました。「白」とは「明度の充満」のことであり、「黒」とは「明度の欠如」、「灰色」は、「明度の充満とその欠如を両端とする明度の段階的グラデーション」と定義され、「義人とは罪人ではない人」、「罪人とは義人でない人」のことでした。ですから、「義人にして同時に罪人」という発言は、端的に矛盾そのものでした。

トマスの思考回路に沿って彼の著作を読むことは、あまり無理なくできるのですが、ルターの思考回路を追うのは、それほど容易ではありません。しかし、その思考回路に沿って読まないと、ルターの発言は理解できないことが多いので、ルターの思考回路に「チャンネルを合わせる」必要があります。

「チャンネルを合わせる」道は、ルターが「神の前で」と「人々の前で」との間に置いている原理的な区別に注意を払うことです。「神の前で」とは「神の判断によれば」ということであり、「人々の前で」とは「社会倫理的判断によれば」という意味です。例えば、『ハイデルベルク討論』（一五一八年）の中で、ルターは「人々の前で最善のことは、神の前では最悪の事態だ」という趣旨の発言をしています。「人々の前で最善のことをすれば、その人は当然、人々の賞賛を浴びることになる。賞賛を浴びれば、どんなに謙遜な人も、どうしても高慢な思いがちらつくようになる。しかし、高慢は救いにあずかる最大の障害なのだ。だから、人々の前で最善のことは、神の前では最悪の事態だ」というのです。もう一つの道は、ルターが「律法」と「福音」の間に引いた厳密な区別です。本書の場合には、更に「自由」という言葉でルターが何を意味していたのかを知ることも必要です。

ルターが「自由」というとき、彼は「……からの自由」（例えば、悪魔と罪からの自由、律法からの自由）という意味だけではなく、「……への自由」（例えば、奉仕への自由）という意味も込めているのです。

また、ルターが「自由」というとき、彼の念頭にあったのは、「この自由を得させるために、キリストはわたしたちを自由の身にしてくださったのです。だから、しっかりしなさい。奴隷の軛に二度とつながれてはなりません」（ガラテヤ五・一）というパウロの言葉だったと思われます。ここでは、「自由」は「救い」の同義語になっています。

『キリスト者の自由』は、冒頭に掲げられた二つの命題の丁寧な解説になっています。前半が「自由」を、後半が「奉仕」を取り上げています。ですから、本書のタイトルは『キリスト者の自由と奉仕』とした方が、バランスが取れているようにも思われますが、そうしなかったのは、「自由」が「奉仕」の前提、根拠、必要条件になっているからです。キリスト者は「だれにも服さない自由な主人」であるからこそ、だれにも強いられないで、自ら進んで「奉仕への自由」へと立ち上がっていくからです。

僕は奉仕の業によって主人の意図を実現します。それが僕の義務であり、責任だからです。僕は多かれ少なかれ、その義務と責任に強いられて奉仕の業に励みます。しかし、「だれにも服さない自由な主人」であるキリスト者は、誰にも強いられないで、隣人に仕える奉仕の業に励みます。外から見た場合、その違いはすぐには目に見えません。同じことをしているからです。しかし、「動機」は決定的に違っています。

本書は、ルターの思考回路に馴染むことができるための手引きです。そのために、「自由」、「律法と福音」、「信仰義認」、「全信徒祭司性」、「信仰と行為」、「愛の奉仕」といった重要なテーマが、できる限り平易になるような説明を付加しました。座談会「二一世紀に『キリスト者の自由』を読む」は、本書の今日的意義を様々な角度から話し合ってもらったものです。

『キリスト者の自由』には、優れた翻訳があります。どの翻訳を読むのであれ、この『「キリスト者の自由」を読む』を手元に置いて、ルター独特の思考回路の中に分け入っていただきたいと願っています。

（鈴木　浩）

主要テーマをめぐって

『キリスト者の自由』の内容が６つの主要テーマに分けて解説されています。６つの主要テーマは、『キリスト者の自由』の各項とおおむね以下のように対応しています。

自　由	第１～７項
律法と福音	第８～９項
信仰義認	第 10 ～ 13 項
全信徒祭司性	第 14 ～ 18 項
信仰と行為	第 19 ～ 25 項
愛の奉仕	第 26 ～ 30 項

自由

自由とは

「自由」とは何か。自由という言葉は日常的にもよく使います。とはいえ、改まって「自由とは何か」と問われれば、答えに窮します。うまく説明ができない。が、心の中では自由とはどういう事かが、何となく分かっている……。

私たちは、他の人から命令されたり、一つ一つ事細かに指示されて生きたくはありません。それこそ、自由に自分の考えでノビノビと生きていきたい。自由に好きなものを食べたい。自由に行きたいところに行きたい。自由に歩きたいし、旅行もしたい。人の顔色をうかがわず、自分の意見を自由にしっかり述べたいと思うのです。もちろん現代社会に生きている私たちは実際には、そうもいかない。しかし、だからこそ余計そう思うのです。

鎌倉時代、兼好法師が『徒然草』を書いていますが、そこには、こう書いてあります。

「よろづ自由にして、大方、人に従ふといふ事なし」。人を気にせず気ままに生きる、ということでしょうか。他人からの拘束や束縛から解放されて、ノビノビと自由に生きる。気ままに生きる。思うがまま生きる。これが自由です。つまり、束縛からの解放、これが自由です。

ところが、自由については、私たちはもう一つ別のイメージも持っています。というのは、いくら自由と言っても、わがまま、自分勝手では困る。自由だからと言って、他の人の迷惑や不利益を省みないということでは困ると考えているのです。なぜなら、私たちは広い地球にただ自分一人が生きているのではなく、多くの隣人と共に生きているからです。

そこで十九世紀のイギリスの哲学者ジョン・スチュアート・ミルの次の言葉は深く納得できるのです。彼は『自由論』の中でこう語っています。「他人に危害を加えない限り、個人は何をしてもよい」。これは「他者無危害の原則」と呼ばれています。

まとめてみれば、自由について私たちは、一方で束縛からの自由を考え、他方で自分勝手と自由は違う、と考えているのです。

では、キリスト教は「自由」をどのように考えているのでしょうか。信仰者は自由に生きるといった時、どのように生きるのでしょうか。この問題を徹底して考え抜いた書物、それが『キリスト者の自由』なのです。自由とは何か。キリスト教はどう考えるのか。ルターの出した答、それはこうです。「キリストが与えたもう自由」つまり、神が人間に自由を与えて下さった。これがルターの答です。

二つの謎の命題

さて「神が与えたもう自由」とは、どういう自由か。いよいよ本題に入っていきます。ルターは開口一番、まず謎のような二つの命題を提示しました。こうです。

（1）キリスト者は、すべての者の上に立つ自由な君主であって、だれにも服しない。
（2）キリスト者は、すべての者に奉仕する僕《しもべ》であって、だれにも服する。

「自由な君主」と「奉仕する僕《しもべ》（奴隷）」。謎のような対句です。

しかし、この二つの命題は、この後すぐルター自身が引用しているパウロの言葉の、いわば説明なのです。そのパウロの言葉とは、こうです。「わたしは、だれに対しても自由な者ですが、すべての人の奴隷になりました」（コリントの信徒への手紙一、九章一九節）。ルターは、このパウロの言葉をめぐって深く深く考えました。

いったい、このパウロの言葉は何を語っているのでしょうか。コリントの教会の人々は多くの問題を抱えていました。その一つが「偶像に供えられた肉」の問題です。そもそもこの世の中に唯一の神以外、偶像の神など本当はいないのですから、その偶像に供えられた肉は、いずれにせよ普通の肉以外ではありません。それゆえ、その肉を食べる事も食べない事も、それは自由です。ところがコリントの教会のある一部の人は、昔からの習慣でしょうか、そうした偶像に一度供えられた肉を食べると穢れてしまうと心が混乱してしまっていたようです。そこでパウロに相談の手紙を書きました。それに対する返事が、「コリントの信徒への手紙一」八章～九章です。パウロは、こう答えました。偶像に供えられた肉を食べることは、まったく自由である。とはいえ、自由だからといって、心が混乱してしまう人の前で食べるならば、その人の心はますます混乱してしまうだろう。そういうことであれば、その人のために私はあえて自分の自由を放棄して、その肉を食べないでおこう、とパウロは言うのです。つまり、自分は「自由な者」だが、その自由を使わない「奴隷」になろう、と言うのです。

パウロは言いました。「わたしは、だれに対しても自由な者ですが、すべての人の奴隷になりました」。この言葉を、ルターは熟考する。わたしは隣人のために（つまり隣人に奉仕するために）自らの自由を行使せず、いわば僕《しもべ》となる。こうルターは考えるのです。それが、あの有名な二つの命題としてまとめられたわけです。なんと不思議な自由でしょう。いったい、この不思議な自由の秘密は、どこにあるのでしょうか。

自由な君主

ルターは、命題（1）で、高らかに言いました。

「キリスト者は、すべての者の上に立つ自由な君主であって、だれにも服しない」。

自信あふるる宣言です。だれにも服しない自由な君主。他の人に命令されることもない。食べたいものを食べ、行きたい所に行き、自分の考えを自由に述べる。拘束もなければ束縛もない。ほんとうに自由な生き方、自由な人生。なんと晴々としたことでしょう。

しかし更に深く考えてみれば、私たち人間にとって最大の束縛はほんとうは「死」ではないでしょうか。死とは何か。死んだらどうなるのか。不安と孤独から人は逃れられない。つまりだれ一人、死から自由な者はいません。こうした死の束縛から人間はどうしたら解放されるのでしょうか。唯一の答、神というゆるぎなき土台にしっかり結ばれていること、これでしょう。孤独と不安からの真実の解放。もし人がこうしたゆるぎなき土台にしっかりと結ばれていなければ、私たちは頼りない自分にいたずらにこだわる他ありません。そし自己にこだわり、そのぶん隣人を省みることのできない自己愛（利己心）、これが聖書が説く「罪」の正体です。つまり、本当の自由とは、食べたいものを食べ、行きたいところに行く、人の顔色をうかがわずノビノビ生きることのみならず、むしろそうした死や罪からも解放されるということではないでしょうか。そうした自由があれば、なんと心の底から晴々とすることでしょうか。ところが、実にそれこそがキリスト者の自由、キリスト者の生き方だ、とルターは言うのです。

なぜか、なぜなのでしょうか。それは、その自由が、「キリストが与えたもう自由」だからだ、とルターは答えます。ほんとうの自由は、神が与えてくださる、そのようにルターは言うのです。

しかし、神が自由を与えて下さるとは、いったいどういうことなのでしょうか。ここがまさにポイントです。というのも、ルターにおいて、いやキリスト教において、神が人間に自由を与えて下さるという事と、神が人間に救いを与えて下さるという事とは、実は同じ一つのことだからなのです。救済イコール自由なのです。

何故なのでしょうか。ルターは少し神学的な言い方ですが、「救われる」という事を「義とされる」と表現しました。人間はほんとうは少しも義しい者ではなく罪深く欠点だらけですが、神はただただ一方的な「恵み」によって、私たち人間を救って下さいました。それが、あのイエス・キリストの十字架の意味だ、と聖書は語ります。と言うわけで、その少しも義しくない人間が神の「恵み」のみによって、義しい者とされること、これが救済ということなのです。

そして更にもう少し別の角度から言えば、そうした神の救いの「恵み」をしっかり受け止め感謝すること、これが「信仰」ということです。信仰とは、神の心（キリスト教ではこの「心」をしばしば「ことば」と表現します）を受けとめ受け入れることですから、それは私たち人間の心（魂、霊、内面などと表現します）で受け入れることになります。つまり神の心を受け入れ確かにつながっていること、これが信仰です。ともあれ、ルター神学では「救われること（救済）」を「義とされる（義認）」と表現するのです。

私たち人間が神によって救われる、つまり義とされる。しかも一方的な神の恵みによって義とされる。それを人間は信仰をもって受けとめ感謝する。ですから、もはやアレコレ、他の人に口をはさまれることも指図されることもありません。罪や死を前に絶望することもありません。神に義とされた、つまり救われた人間は自由なのです。なんと清々しく晴々しいことでしょう。救済（義認）イコール自由、自由イコール救済です。というわけで実際、ルターはこの『キリスト者の自由』でしばしば「義しい自由なキリスト者」という具合に、神によって義とされるということと、神によって自由を与えられるということとを、同じ一つのこととして語っているのです。

神が私たち人間に自由を与えて下さった。救いを与えてくださった。その救いの恵みを信仰をもって受け入れる。そうした神が与えて下さった自由であるがゆえに、キリスト者はほんとうに自由な君主と言えるのです。

こうです。

ところが、ルターは命題（2）で、今度は急転直下、まるで逆のことを語り始めます。

奉仕する僕《しもべ》

「キリスト者は、すべての者に奉仕する僕《しもべ》であって、だれにも服する」。

私たち人間は、神から自由を与えられた。救われた。私たちは自由です。自由な君主です。だれからも指図されない存在です。だれにも服しない。しかし今度はルターは逆のことを言う。だれにも服する。どういうことでしょうか。

ところで、神から自由を与えられたわけですが、そもそも「与える」とはどういうことでしょうか。それは自分のものを相手に与えるということです。と言うことは、神が人間に与えて下さるということは、神ご自身が自らのものを人間に与えて下さるということです。神は何を私たち人間に与えて下さったのでしょうか。自由を与えて下さった。救いを与えて下さった。つまり、より根源的に言えば、神が人間に与えて下さったもの、それはイエス・キリストという「神の恵みそのもの」なのです。

キリストが、私たち人間に与えられたのです。ですから、私たちの中にキリストがいるのです。驚くべきことですが、そうなのです。実際、パウロは大胆にもこう明言しています。「生きているのは、もはやわたしではありません。キリストがわたしの内に生きておられるのです」（ガラテヤの信徒への手紙二章二〇節）。そうしたわけでこの驚くべき事実に勇気づけられ、背中をおされるようにしてルターもまたこの『キリスト者の自由』の中で、こう語ったのです。「私もまた、私の隣人のためにひとりのキリストになろう」（第二七項）。

では、そのキリスト、イエス・キリストとは何者か。後に「キリスト讃歌」として有名になりましたが、パウロは「フィリピの信徒への手紙」の中でこう書いています。「キリストは、神の身分でありながら、神と等しい者であることに固執しようとは思わず、かえって自分を無にして、僕《しもべ》の身分になり、人間と同じ者になられました。人間の姿で現れ、へりくだって、死に至るまで、それも十字架の死に至るまで従順でした」（二章六節〜八節）。

自らのことはかえりみず、むしろ無にし人々を助け守り十字架の死にまで至った存在、徹底して人々に奉仕する僕《しもべ》、だれにでも服した人、隣人への愛の奉仕に生きた方、それがイエス・キリストです。そして、そのキリストが、先ほどのパウロの言い方に従えば「わたしの内に生きておられる」のです。そうであるならば、「私もまた、私の隣人のためにひとりのキリストになろう」とルターも言ったのです。愛の奉仕に生きる人間になろう、と言ったのです。これが「キリスト者は、すべての者に奉仕する僕《しもべ》であって、だれにも服する」という命題（2）の意味するところです。

神が私たち人間に自由を与えて下さった。救いを与えて下さった。別の言葉で言えば、救いの恵みそのものとしてイエス・キリストを与えて下さった。そうした神が与えて下さった自由（の源であるキリスト）であるがゆえに、キリスト者はほんとうに奉仕する僕《しもべ》、愛に生きる僕《しもべ》と言えるのです。

まとめ

さて、まとめです。自由とは何か。キリスト者の自由とは何か。ルターの答ははっきりしています。自由は、神が与えて下さる。神が与えたもう自由、これです。

では、神が与えたもう自由とは、どんな自由か。それは、本当に自由なのです。私を拘束し束縛するものなぞ、何一つない。食べたいものを美味しく食べ、行きたい所に楽しく旅行し、自分の考えをしっかり述べる。自由です。そして、ここが大事ですが、最後まで私の存在を束縛し心を暗くさせていた罪と死からさえも人間は自由なのです。

なぜか。神が私に「キリスト（恵みそのもの）」を与えて下さったからです。その恵みを人間はありがたくもいただく。感謝をもって受け入れる。これが信仰です。今や、私はしっかりとキリストと結ばれている。いや、結ばれるどころではありません。キリストが私に与えられたということは、つまり、キリストが私の内に生きているのです。もう絶対、安心。これが救いです。

神が与えたもう自由とは、救いそのものです。自由イコール救済、救済イコール自由。であるがゆえに、人間は「自由な君主」です。ほんとうに自由なわたしの人生。

しかし、ここがまた面白い。そのように、ほんとうに自由であるということは、先ほどから述べているようにキリストが私の内に生きておられるということですから、私もまた隣人にとって一人のキリストなのです。つまりキリストが隣人に奉仕したように、私も隣人に奉仕する。キリストが隣人にとって愛の僕《しもべ》であったように、私も愛の僕《しもべ》として生きる。

自由であるからと言って、自分勝手に振舞うどころではありません。あるいはジョン・スチュアート・ミルが言うような「他者無危害の原則」どころではありません。私は自由であるがゆえに、もっと積極的に生きる。隣人にほんとうに積極的に奉仕する。ほんとうに愛の奉仕に生きる。僕《しもべ》となって生きる。なぜか。自由だからです。「自由な君主」だからです。だから、それゆえ「奉仕する僕《しもべ》」であることができるのです。そして、これが「キリスト者の自由」です。

キリスト者の自由、それは、「愛あふるる自由」、そして「自由あふるる愛」、ということです。なぜなら、そのすべてを神がお与え下さったからです。

（江口再起）

律法と福音

「聖書全体が二種のことばに分けられるということも、知らなければならない。すなわち、神の戒めもしくは律法と、契約もしくは約束とである」(第八項)。この「二種のことば」は、神学用語で「律法と福音」と呼ばれているものです。ルターは生涯にわたってこの理解に固執したと言われますが、「律法と福音」とはどのような教えなのか、それが第八と九項に簡潔にまとめられています。

律法、それは福音への導き手

律法とは「神の戒め」とも呼ばれるものですが、十戒を頂点としたモーセの律法を指しています。福音書に登場する律法学者などは、律法を重んじ、極めて厳格に実行すべきことを主張していた人たちでした。では、ルターは律法をどのように理解したのでしょうか。「戒め（律法）はなるほど指示はするが、助けはしない。なにをなすべきかを教えはするが、そのための力を与えてはくれない。それゆえ戒めはただ、人間がこれによって善に対する自分の無能さを悟り、自分自身に絶望することを学ぶために定められたものである」（第八項）。これが基本的な理解です。つまり、人間の内面の罪深さを暴き出し、さらに自分の力では解決できない現実を痛いほど知るまで追いつめて行く、それが律法の働きだと言うのです。

ただ、このルターの律法理解はルターが独自に考案したのではありません。パウロの律法理解を忠実にここに表現しているのです。パウロはローマの信徒への手紙で「律法によらなければ、わたしは罪を知らなかったでしょう。たとえば、律法が『むさぼるな』と言わなかったら、わたしはむさぼりを知らなかったでしょう」（七章七節）と記しているからです。

律法によって救いがたい現実を見せつけられ、しかも自分ではどうしようもないことに気づかされた人間は絶望するしかないのです。ではどうすれば良いのか。次にルターはこう教えています。「人は自分自身に絶望して、悪い欲望なしに生きるためには、どこかほかから助けを求めるべきであり、自分自身では満たすことの出来ない戒めを、他の助けをかりて満たすようにすべきである」(第八項)と。

では「他の助け」とは何でしょうか。ルターは、「そこで別のみことばがやってくる。すなわち、神の契約もしくは約束」(第九項)であり、それがキリストであることをここに記すのです。「悪い欲望と罪から解放されたいと願うのならば、さあ、キリストを信じなさい。キリストにおいて私はあなたに恵みと義と平安と自由のすべてを約束する」(第九項)、これが神の契約、もしくは約束であり福音なのです。律法を経て、そして福音に至ることで救いに至り、律法も成就することになるのです。

このように、福音に至るまでのことについてもルターはパウロの忠実な解釈者だったのです。先ほど挙げたローマの信徒への手紙には、「わたしはなんと惨めな人間なのでしょう。死に定められたこの体から、だれがわたしを救ってくれるでしょうか。わたしたちの主イエス・キリストを通して神に感謝いたします」(七章二四節)とも書かれているからです。ルター自身が自分の中に潜む罪の現実に苦しみ、どんなに苦行を積んでも解決できない自分自身に絶望する中で、しかし自分の外から来る救いがあることを知ったのです。それが福音というものであり、ただその恵みを信じ、受け取ることが大切なことであることを知ったのは、ローマの信徒への手紙を初めとしたパウロの手紙からだったのです。

このように「律法と福音」という二つの関係は、「律法は、わたしたちをキリスト（福音）のもとへ導く養育係」（ガラテヤの信徒への手紙三章二四節）というもう一つのパウロの言葉で要約することができるでしょう。律法によって福音へと導かれ、その喜びに出会った人は、すべての戒めと律法から解放されており、「もし解放されているのなら、たしかに自由なのである」（第一〇項）と言えるのです。

しなければならない

ただ、問題はここで終わらないのです。『キリスト者の自由』は、その「自由」とされた人が、どのように「奉仕する者」へと導かれるのかが主要なテーマだからです。この主題は第一九項から展開されるのですが、そこには「キリスト者は自由であるかぎりなにも行う必要はないが、僕《しもべ》であるかぎり、あらゆる種類のことをしなければならないのである」とあります。「しなければならないのである」、これは厳しい言い方です。しかも以降、この言い回しだけでなく、「すべきなのである」という言葉も繰り返され、「命じられている」（第二二項）とさえルターは言うのです。

ここに『キリスト者の自由』の「自由」は、私たちがこの言葉から連想することとずいぶん異なることが分かり、しかも「奉仕する」という意味も違うことに目が留まるのです。例えば「ボランティア」という言葉があります。東日本大震災、そしてこの度の熊本地震においても実にたくさんのボランティアが現地に赴き、被災者の支援を行いました。実に素晴らしいことでした。この言葉には「自主的に、社会活動や奉仕活動を行う」いう意味がありますが、文字通りボランティアは自分の意志で「自主的に」参加したのです。つまり、奉仕するかどうかはその人の自由なのです。

『キリスト者の自由』の「自由」はこれと異なるのです。奉仕することを「自由」や「自主的」という視点で考えているのではありません。もしそうであるならば、「しなければならない」とか「すべきである」という言い方はしないはずです。この意味で『キリスト者の自由』は、私たちが何の疑問もなく連想している今日の「自由」に対して問いかけているのです。「九五ヶ条の提題」ならぬ「現代の自由への提題」とも言えるのです。

モーセの律法からキリストの律法へ

では「自由」と「奉仕」の関係はどうなっているのか、これが私たちの次の課題です。ここでもう一度「律法と福音」という言葉を思い起こさなければなりません。「律法は福音への養育係である」ことを確認しましたが、これは、福音に到達したからには律法の役目は終わったということを意味しました。でも本当にそうだろうかと問わざるを得ないのです。実は、律法によって福音（キリスト）のもとに導かれたとしても、決して律法の役割は終わらないです。ガラテヤの信徒への手紙で「律法」を「養育係」と称したパウロは、同じ手紙の中で続けて「互いに重荷を担いなさい。そのようにしてこそ、キリストの律法を全うするのです」（六章二節）と言っているからです。福音に出会ったキリスト者にとっては、律法の役目はもう終わったはずなのに、パウロはもう一度「律法」に言及するのです。

どうしてこのような混乱したことをパウロは書くのでしょうか。実はそうではないのです。むしろ私たちこそが律法を巡って混乱しているのです。パウロの「律法」理解について注意深く読むならば、同じ「律法」という言葉であっても、二つの意味をそれぞれに持っていることが分かるのです。それを分かりやすく言えば「モーセの律法」と「キリストの律法（あるいは神の律法）」という二つです。

通常私たちが福音書において、あるいはパウロの手紙において「律法」という場合には、十戒を頂点とする「モーセの律法」を指すことがほとんどです。ガラテヤの信徒への手紙にあった「キリスト（福音）のもとへ導く養育係」とはこの律法のことなのです。言うまでもなく、『キリスト者の自由』にあった「人間がこれによって善に対する自分の無能さを悟り、自分自身に絶望することを学ぶために定められたものである」（第八項）というのもモーセの律法を指しているのです。この「モーセの律法」の役目は、福音に出会い、キリストを信じた私たちには終わったのです。もちろんキリスト者といえども、「義人であり同時に罪人」というルターの言葉がいみじくも教えているように、依然として罪人でもあるゆえに、モーセの律法を通して罪人の認識に繰り返し至らなければなりません。ゆえにモーセの律法を完全に放棄するのではありませんが、本来モーセの律法の役目は終わっているのです。しかしキリスト者にはモーセの律法に代わり、「キリストの律法」が新たに与えられているのです。

「律法」を巡るルター派での議論

ルターが『キリスト者の自由』の第一項の有名な二つの命題の根拠を聖書の言葉に、中でもパウロの手紙に見出していることは偶然ではなく、見過ごしてはならないとても重要なことです。コリントの信徒への手紙、ローマの信徒への手紙、そしてガラテヤの信徒への手紙がそれです。ですから、本書に展開されているルターの教え、すなわち「キリスト者の自由」ついて、そして「奉仕すること」についての教えは、パウロの手紙を基盤とし、それを根拠にしていることを覚えなければなりません。だから、『キリスト者の自由』の中でルターが語っていること、そしてルターが神学的な用語として用いたことも、パウロの手紙から解釈し、またそこから説明しなければならないのです。もし『キリスト者の自由』においても、十分に説明し尽くせないものがあるならば、そうしなければならないことになります。「律法と福音」というルター及びルター派の神学用語がそれに当たるのです。

なぜこのようなことを言わなければならないのかというと、「律法と福音」という用語とその理解には、しばしば厳しい批判と誤解が着せられて来た歴史があるからです。例えば、「律法」の働きを巡っての議論がルターの後に起こった際に、キリストの福音に出会ったキリスト者にとって律法は必要なのかどうかが問題となりました。これまで指摘したことが、実はルターの後継者たちの間でも論じられたのです。「律法の第三用法」と呼ばれる議論です。結論は、その第三の用法を支持することで決着したのですが、しかし以降ルター派で「律法の第三用法」という言葉が積極的に語られることはありませんでした。実はルター自身もそうであったと言わなければなりません。結果、ルター派の「律法と福音」という教えは、特に政治的な分野で貢献することや行動に移すということでの消極性や無関心さが批判されることにつながりました。

その理由は様々でしょう。「行いではなく、信仰によって義とされる」という信仰義認論をもっとも重要な教理と位置付けたルター及びルター派にとっては、「律法の第三用法」を積極的に論じることは、行いや業を強調することになり兼ねなかったのです。そこに躊躇せざるを得ないところがあったに違いありません。ブレーキがかかるのです。さらに加えるならば、罪意識に敏感であったルターにとっては、罪を暴く律法の働きの方にどうしても強調点が置かれることになったのです。

ただ、私たちにとって「律法の第三用法」などという神学用語をここで論じる必要はありません。ただ、ルターやルター派の「律法と福音」の問題をもう少し掘り下げて論じなければならないのです。それは「律法から福音」という言葉だけでは言葉足らずだからです。

キリストの律法に臆することなく

『キリスト者の自由』の第一項からも明らかなように、本書のもっとも重要な教えは、律法を養育係として福音に出会ったキリスト者が、もはや律法を含めたすべてのことから自由にされているということで終わらないのです。自由を得て福音に至ったキリスト者は、すべてのものに仕える僕であるということこそが、ルターの言いたかったことでした。「キリスト者はすべてのものに仕える僕である」ということを力説するために、ルターは「しなければならない」とか「するべきである」ということばを繰り返したのです。これがパウロの記した「キリストの律法」のことでした。

この「キリストの律法」はモーセの律法とは異なるのです。自主的に、あるいは気分次第で自由に選べるような律法でもない。パウロがそうであったように、キリスト者にとっては当然のごとくなすべきことなのです。それはパウロがコリントの信徒への手紙一で「わたしは、だれに対しても自由な者ですが、すべての奴隷になりました」(九章一九節)と言い、それは「キリストの律法に従っている」(九章二一節)と書いていることにつながるのです。あるいはガラテヤの信徒への手紙で「あなたがたは、自由を得るために召し出されたのです。ただ、この自由を、肉に罪を犯させる機会とせず、愛によって互いに仕えなさい」(五章一三節)と言い、「互いに重荷を担いなさい。そのようにしてこそ、キリストの律法を全うすることになるのです」(六章二節)と言っていることに注目しなければなりません。

このように確認したことから、「律法と福音」という表現では十分ではなく、「(モーセの)律法↓福音↓(キリストの)律法」という表現が適切なのかもしれません。「律法と福音」というルター派的な神学用語をこれからも大切に用いるからには、福音の中には「キリストの律法」が内包されていることを忘れてはならないのです。

『キリスト者の自由』の真意もここにあるのです。キリストの律法が命じているキリスト者の働きとは何でしょうか。それは誰もが出来ることであり、同時にそれがすべての出発点なのです。「愛によって互いに仕えること」(ガラテヤの信徒への手紙五章一三節)

であり「互いに重荷を担うこと」（同六章二節）です。その働きの表現は人それぞれですし、そこに優劣はないのです。ただ、福音という神様の愛の眼差しの中で自分にできる奉仕のわざを誠実に行う。このことに臆してはいけないのです。キリスト者の自由をそのように用いたいものです。

（立山忠浩）

信仰義認

ルターの神学の中心は、「信仰による義認の教理」（信仰義認論）だと言われます。また、宗教改革の中心的争点もこの信仰義認論にあったと広く考えられています。そこで、この「信仰」という言葉と「義認」という言葉の意味を改めて考えてみたいと思います。ルター以前の中世的理解とルターの理解とでは、「どこが同じでどこが違うのか」を探り出していきましょう。まず「信仰」という言葉です。

信仰とは

信仰とは「何ごとか」を「信じる」ということです。ですから、ここには「信じられている何ごとか」とそれを「信じている人」とがあります。中世のスコラ神学者は、前者を

「フィデス・クワエ・クレディトゥル」(fides quae creditur　信じられている中身）と呼び、後者を「フィデス・クワー・クレディトゥル」(fides qua creditur　信じている心）と呼びました。そのどちらも「信仰」と呼んだのです。日本語の「信仰」という言葉の場合には、「信じている心のあり方」を指す場合が圧倒的に多いのですが、例えば、使徒信条を示して、「これがキリスト教の信仰です」というときのように、少ないとはいえ、信仰という言葉で「信じられている中身」を指す場合もあるのです。「カトリック教会の信仰」とか「プロテスタント教会の信仰」という場合も同じです。

中世の西方教会では、「信仰」といえば、圧倒的に「信じられている中身」の意味で使われることが多かったのです。つまり、使徒信条やニケア信条に示されている「キリスト教信仰の中身」を指していたのです。「信じている心のあり方」としての「信仰」は、使徒信条やニケア信条、あるいは広く教会の教えに対する「同意」を意味していました。

ルターも信条に要約されている教会の教えへの同意も「信仰」だと認めるのですが、それを「歴史的信仰」と呼んで、信仰という言葉の周辺的な意味合いにしか過ぎないと考えました。「信仰」という言葉を使うとき、ルターは「イエス・キリストに対する信頼」という意味で使うことが多かったのです。あるいは、「イエス・キリストにひたすら寄りすがること」という言い方をする時もありました。一言で言えば、「イエス・キリストを全面的に信頼し、自分をイエス・キリストに丸投げする」という意味です。そして、ルターは、すべてはそこから始まる、と考えたのでした。「キリストは罪人であるわたしのために、ご自身を十字架の上に丸投げされた。だから、わたしもそのキリストに自分を丸投げしよう」と腹をくくること、自分を身ぐるみイエス・キリストに委ねること、ルターによればそれが信仰でした。

しかし、そう思い定めることは、「自分の決断」である以上に、聖霊を通して自分に働きかけてくれる「神の働き」だとルターは考えました。「自分の決断」があるのは、「神の働きかけ」があるからです。その際、聖霊は常に「神の言葉」を通して働きかけますから、神の言葉が語られ、聞かれ、信じられる場所、つまり教会が、人間の中に信仰が引き起こされる場所なのです。

ルターと論敵の間の論争が、すれ違いで終わることが多かったのは、同じ「信仰」という言葉を使っていながら、「考えていること」が違っていたからです。その他にも、「教会」や「恵み」など、たくさんの重要な言葉の意味合いも、それまでとは違っていました。ルターは、そうした意味合いの違いは、自分が「何か新しいこと」を言っているからだ、とはまったく思っていませんでした。そうではなく、本来の意味を「回復している」と考えたのです。中世の間に、そうした重要な言葉の意味合いが変質してしまった、というのがルターの「診断」でした。ですから、「処方箋」は本来の意味合いを回復すること以外にはないのです。ルターは、自分がしているのはそのことでしかない、と思っていたのです。その点は、ルターに続いた改革者たちにも共通していた信念でした。

ルターが「信仰のみによって義とされる」と言っているとき、ルターが言おうとしていたのは、「罪人の自分のためにイエス・キリストが十字架の上にご自身を丸投げされた」以上、「わたしも、そのイエス・キリストを信頼し、キリストに自分を丸投げしよう」と思い定める以外にいったい何ができるのか、ということでした。その際、「罪人の自分のためにイエス・キリストが十字架の上にご自身を丸投げされた」ことが、義認の恵みが人間に差し出されている客観的根拠ですし、「わたしも、そのイエス・キリストを信頼し、キリストに自分を丸投げしよう、身ぐるみ委ねよう」という姿勢が、義認の恵みが信じる人に与えられる主体的根拠になっています。

イエス・キリストのピスティス

パウロはローマ書三章二二節で微妙な言葉遣いをしています。「それは、イエス・キリストを信じる信仰による神の義であって、すべて信じる人に与えられるものである」（口語訳）。ここで「イエス・キリストを信じる信仰」と訳されているのは、「イエス・キリストのピスティス」という言葉です。この「ピスティス」という言葉は、ほとんどの場合「信仰」と訳されています。しかし、「イエス・キリストの信仰」では、「イエス・キリストが持っていた信仰」という意味になってしまい、おかしいので「イエス・キリストを信じる信仰」という具合に、本来の文にはない「信じる」という言葉を補っているのです。

しかし、「ピスティス」は日本語の「信仰」という言葉よりもずっと意味の幅が広い言葉で、「信仰」の他にも、「誠実さ」、「真実」といった意味合いも持っています。ですから「イエス・キリストのピスティス」は、「イエス・キリストの真実」という意味になります。つまり、「キリストは、神の身分でありながら、神と等しい者であることに固執しようとは思わず、かえって自分を無にして、僕の身分になり、人間と同じ者になられました。人間の姿で現れ、へりくだって、死に至るまで、それも十字架の死に至るまで」

（フィリピ二・六―八）真実を貫かれた、その真実のことです。

「イエス・キリストの真実（ピスティス）」（救いの客観的根拠）と「人間の信仰（ピスティス）」（その救いが人間のものとなる主体的根拠）が出会うところで、救いの出来事……つまり、罪人が義とされる出来事が起こるのです。

義認とは

次に「義認」という言葉を見てみましょう。創世記には、アブラハムが歳をとって、もはや子供が生まれる可能性がゼロになった時に、妻のサラに子供が生まれるという神の約束を聞く話があります（一五・一―六）。どう考えてもありえないことですが、それでも「アブラムは主を信じた」（六節）と書かれています。そして、「主はそれを彼の義と認められた」と続きます。「人間の可能性」がまったく途絶えたところで、アブラハムはなおも「神だけがもたらす新たな可能性」に望みを置いたのです。「それを主はアブラムの義と認められた」（創世記一五・六）というのです。ここが、「義認」という考え方が出て来る最初の箇所です。

パウロもローマ書で「では、肉によるわたしたちの先祖アブラハムは何を得たと言うべきでしょうか。もし、彼が行いによって義とされたのであれば、誇ってもよいが、神の前ではそれはできません。聖書にはなんと書いてありますか。『アブラハムは神を信じた。それが彼の義と認められた』とあります」（四・一―三）と、この創世記の箇所を引用しています。

聖書には、「贖い」、「永遠の命」、「罪の赦し」、「義と認める」など「救いの出来事」を言い表すいくつもの比喩やイメージが出て来ます。もともと人間は「神の像」、「神の似姿」にならって創造されたと書かれています。「神は言われた。『我々にかたどり（神の像）、我々に似せて（神の似姿）、人を造ろう』」（創世記一・二六）。これが、人間についての聖書が最初に語っていることなのです。ところが、すぐ次には、最初の人間が、神の戒めに逆らって罪を犯したことが記されています。ですから、聖書が人間について最初に語っていることは、緊張に満ちています。人間は一方では「神の像」と呼ばれているのですが、他方では「神に逆らう罪人」として描かれているのです。

ですから、救いの出来事は当初与えられたはずの「神の像」としての人間の姿を回復することなのです。ところで、「神の像」としての姿を失った人間は、その結果どのようになったのでしょうか。パウロは次のように書いています。「このようなわけで、一人の人によって罪が世に入り、罪によって死が入り込んだように、死はすべての人に及んだのです。すべての人が罪を犯したからです」（ローマ五・一二）。ここには、人間が神に逆らった結果として、「罪」と「死」が人間の世界に入り込んだことが指摘されています。

教会の歴史を振り返ってみると、（ギリシャ正教会やロシア正教会などの）東方教会と、（カトリック教会やプロテスタント教会などの）西方教会は、ここで違った伝統を形成してきました。人間にまとわりついている最大の問題について、東方教会は「人間が死すべき運命にあること」だと考え、西方教会は、「人間が罪を犯す必然性のもとに立たされていること」だと考えたのです。

ですから、東方教会の伝統は、人間にとって救いとは、「死すべき運命からの解放」、つまり「永遠の命」だと考え、西方教会の伝統は「罪を犯す必然性からの解放」、つまり「罪の赦し」だと考えたのです。出発点は初代教会にありました。「罪の赦し」を中心にした西方の教理は、「義認の教理」と呼ばれ、ヒッポのアウグスティヌス（五世紀）が最初に本格的に論じました。「永遠の命」を中心にした東方の教理は、「神化の教理」と呼ばれ、アレクサンドリアのアタナシオス（四世紀）が本格的に論じて以来、今日まで東方教会の救いの理解の中心にあります。「神化」とは「人間が神になる」という意味ですから、危険な匂いが漂っていますが、要するに、「人間に永遠の命が与えられる」ことは、死すべき定めのもとにある被造物としての限界を越え、何らかの意味で「神的な存在」になることを意味しています。つまり、それは「神の像」、「神の似姿」としての本来の人間性を回復することなので、「神化」とは、「本来の人間性の回復」のことなのです。

アウグスティヌスとペラギウス

「義認の教理」は、アウグスティヌスが論敵のペラギウス派と論争している過程で形成されていきました。そして、宗教改革は、義認をめぐるアウグスティヌスとペラギウス派の論争の「拡大再生産」でした。「拡大」というのは、アウグスティヌスのときには論争は神学者の間だけの問題でしたが、宗教改革は、その論争に一般の民衆も巻き込まれ、かつてない規模のものになったからです。「再生産」というのは、事実上まったく同じ問題が先鋭化されて論じられたからです。「宗教改革の中心的争点もこの信仰義認論にあったと広く考えられています」と最初に指摘したのは、こうした事態を指しています。

アウグスティヌスとの論争で、ペラギウス派は「神は正しい人を義とする」と主張しました。それに対してアウグスティヌスは「神は罪人を義とする」と主張しました。そして、その根拠として「ぶどう園の労働者」（マタイ二〇・一―一六）のたとえを持ち出しました。朝一番で働いた人も、仕事が終わる一時間前に雇われた人も、同じ一デナリオンの賃金をもらい、しかも一番遅く仕事を始めた人から賃金をもらったあの話です。「人間の正義」の感覚からすれば、とうてい受け入れられない雇い主の態度です。今日で言えば雇い主の「不当労働行為」になって罰されるでしょう。

アウグスティヌスが言いたかったのは、「神の正義（義）」を「人間の正義」の尺度で判断してはならない、ということでした。神の正義は、「わたしはこの最後の者にも、あなたと同じように支払ってやりたいのだ」という主人の言葉に示されています。人間の正義は、労働時間（功績）に見合った賃金（報い）を要求します。しかし、神の正義は、労働時間に関わりなくすべての労働者に同じ賃金（報い、つまり救い）を差し出しています。神には神の判定基準がある、ということです。

「義と認められる」とは、「正しい人と判定される」ということです。ルターは常に、「神の前で」と「人々の前で」という判定基準を厳格に識別しました。「神の前で」とは、

「神の判断によれば」という意味であり、「人々の前で」とは、「社会の判断基準によれば」ということです。一つの社会には、広く共有されている判断基準があって、その基準によって「善・悪」、「公正・不正」、「正義・不義」などが判断されています。そうした共有された判断基準がなければ、社会は成り立たないからです。そして、しばしば「人々の前で」の判断が、「神の前で」の判断（審判）の領域に持ち込まれるのです。ですから、「人々の前で」善いことは、「神の前で」も善いことだ、と判断されるのです。一三世紀に頂点を迎えたスコラ神学では、この二つの判断領域が事実上、重なっていました。

ルターなら、「人々の前で最善のことは、神の前では最悪である」と主張したでしょう。なぜなら、人々の前で立派なことをすれば、その人は人々の称賛を受けることになります。そして、ルターの人間理解によれば、そのような人は、どれだけ謙遜であっても、必ず高慢にならざるをえず、そして高慢は、神の救いに与る最大の障害になる、と常に考えていたからです。

この判断領域の区別は、義と認められたキリスト者は「義人にして同時に罪人である」という有名な言葉に典型的に示されています。「人々の前」では、そしてもっと言えば、自分の目では、自分は罪人としか思われない。なぜなら、事実、罪人だからです。しかし、神はその恵みと憐れみによって、罪人の自分を信仰のゆえに義と認めてくださる。そして、自分の判断は「地裁」の判決ですから、その限りで正しい判断ですが、神の判断は「最高裁」の判決ですから、地裁の判断を覆して、最終的判断となります。

自分の判断の背後にあるのは、律法による判断ですが、神の判断の背後にあるのは、福音による判断です。ですから、最高裁の判決が完全に施行されるとき……最後の審判のとき、つまり終末には、「義人にして同時に罪人」という緊張は解消されて、「神の像」としての人間の本来のあり方（義人の姿）が回復されるでしょう。義と認められた人は、その希望のうちに生きることを許されているのです。

喜ばしき交換

それでは、義認は具体的にはどのようにして引き起こされるのでしょう。ルターは『キリスト者の自由』の中で、つぎのように結婚の比喩を使っています。キリストが花婿で、罪人が花嫁です。

信仰は、魂が神のことばと等しくなり、すべての恩恵でみたされ、自由で救われるようにするばかりでなく、新婦が新郎とひとつにされるように、魂をキリストとひとつにする。この結合から、聖パウロも言っているとおり（エフェソ五・三〇）、キリストと魂とはひとつのからだとなり、両者の所有、すなわち、幸も不幸もあらゆるものも共有となり、キリストが所有しておられるものは信仰ある魂のものとなり、魂が所有するものはキリストのものとなる、という結果が生じる。ところでキリストはいっさいの宝と祝福とをもっておられるが、これらは魂のものとなり、魂はいっさいの不徳と罪とを負っているが、これらはキリストのものとなる。ここに今や喜ばしい交換と取り合いが始まる（第一二）。

キリストとの「一体化」は、キリストへの信仰によって、つまり、自分自身をキリストに委ねきることによって引き起こされます。それが、「信仰による義認」なのです。

（鈴木　浩）

全信徒祭司性

義認の信仰から

ルターの宗教改革の一番大切な教えは「信仰義認」と言われます。ローマ・カトリック教会とルター派の教会との間で、たもとを分かち断罪し合うまでに至った教義的な焦点なのです。しかし、宗教改革の問題は、単純にキリスト教の教義的論争ということではなく、中世末という時代、近代前夜という時に人々が新しい課題に直面していたということ、その中でキリストの福音が新しい形でとらえ直されていく大きな運動であったことを考えなければなりません。ルターの『キリスト者の自由』はまさにその新しい時代の到来の中で、人々に福音的信仰に生きることを著したものなのです。

中世の封建的社会とローマを中心とした宗教的中央集権体制の崩壊という歴史背景もあって、「キリスト者の自由」という表現そのものが、人々には新しい時代の到来を予感させるものであったかもしれません。迷える魂の人、ルターが自らの信仰の歩みの中で再発見した福音は、中世末の人々に新しい生き方を提示したのです。その具体的な提案が、いわゆる「万人祭司」「全信徒祭司性」という教えに凝縮してあらわされています。

ここでは、この「全信徒祭司性」という教えが、どのようにして私たちの中に実践的にはじめられ、生きられていくのか、すこしゆっくりと考えたいと思います。この「全信徒が祭司性をもつ」ということは、私たちすべての信仰者に与えられる信仰の出来事ですが、それは、この信仰に生きる一人ひとりが神様のみこころを生きる存在となるということに他なりません。ですから、まず「全信徒祭司」の前提となる一人ひとりの信仰というところから確認をしていきましょう。

神との関係

宗教改革の義認の信仰は、キリストの十字架と復活によって示された神の恵みと愛に信頼する、その信仰のみによって救われると教えます。その時、「信仰」そのものについて新しい視点をもたらしました。つまり、その信仰とは一人ひとりが実存的に神様の愛に信頼し、その恵みに対する喜びと感謝をもって救いを生きるという、個人個人の信仰の生に強調点がおかれています。これは、長い中世の教会のなかにはある意味で忘れられていた視点なのかも知れません。

千年にもわたる長い中世の教会は、死後の救いとしての天国へ旅路を約束し、そのために、嬰児洗礼にはじまり、堅信、聖餐、告解、結婚、叙階、そして終油の秘跡まで、教会が用意する七つのサクラメント（礼典）に与るように教えました。人々は、キリスト教が当然の世界において、お定まりの教会生活に連なっていればとりあえず天国に行かれるわけですから、自分の主体的な信仰ということを考える必要はなかったといってもよいかも知れません。習慣化し文化の一部なったキリスト教世界の中に、組み込まれて生きてきたのです。

しかし、中世末には新しい産業が興り、社会状況が大きく変化します。固定的世界の中で家業を継ぐという自明の生き方から、一人ひとりがどう生きるのかが問われるような時代になりました。同時に、ペストの流行や飢饉がおこって、一人ひとりの心に死の恐怖と不安が迫ってきたということもあるでしょう。

ルター自身もそうした不安のなかで、改めて神の救いということを求めたのです。それは、自動的に約束された死後の天国における救いではなく、「いま、ここ」で生きられる救いを求めるものでした。そして、それは必然的に、個人の信仰、その一人ひとりの信頼や感謝という実存的レベルでの「信仰」を問うものとなるということです。信仰は、キリスト教社会の中に自明にあるものではなく、改めて一人ひとりが吟味しなくてはならない実存的な神関係の問題として見いだされてくるのです。そして、ルターにとって、この神との関係は、教会によって媒介されたものではなく、一人ひとりがみことばに直接に語りかけられるところにあると考えられたのです。

魂の問題とみことば

こうした一人ひとりの実存的な神関係は、いわば私たちのうちに新しい次元をひらくものだといえるでしょう。自分が自己自身として生きる魂の存在に気づくということかもしれません。私の魂が救いを生きるように、神の福音のみことばが働く。キリスト者の自由とは、この魂が、もろもろのおそれや不安から解放される自由を生きられるということです。罪や死、そして神の裁きを恐れるのではなく、神の愛への信頼に生きられる魂の自由なのです。

しかし、少しだけ注意しておく必要があります。歴史の中で「魂の自由」が主張されるときには、この世への関わりから自由になるとするような考え方もありました。何か霊的な救いと自由があると信じて、この世のことはどうでもよくなってしまう。それは、間違った信仰です。私たちは、魂の自由を生きるときにも、この世界から離れて、勝手気ままに生きるということではあり得ません。むしろ、魂が確かに神との関係に生きる者として喜びと感謝にある時こそ、この世界がどのような状況であろうとも、そこに神のみこころを実現するように関わり、神のみ業に仕えていく生を生きるのです。自由は愛を生きるのです。これが、ルターの主張するところです。

では、どのようにその自由と愛を生きる者となるか。その信仰はどのように私の信仰となるのか。人間は、自分の努力、自分の主体的な熱心さによってこの信仰を生きることはできません。自分の熱心さほど当てにならないものはないからです。では、何が私たちにこの信仰を生きるものとするのでしょうか。ルターは、神のみことばのみが、その信仰を私たちに与えるというのです。みことばが語りかけ、みことばが私たちを導くのです。信仰はこのみことばを「聞くことによる」（ローマ一〇章一七節）のです。

言い換えるなら、私たちの魂はこのみことばを受け取ることでこそ、その存在を確かにするのです。もし誰からも声をかけられなかったら、私たちは自分の存在感が感じられなくなるでしょう。関係の中でこそ、私たちは自分の存在を確認するのです。神の語りかけ、神のみことばを受け取ることは、それによって、自分の「魂」がどのような現実の中にあっても、その存在をはっきりとさせられ、確かな救いをうけとることになるといえるでしょう。

ルターは、神のみことばを受け取ることを信仰の要と考えています。自分自身も当時の教会でははっきりと教えられて来なかった福音の真実を、聖書のみことばに向かい合い、格闘することによって再発見したからといってもいいでしょう。私たちの信仰は、ほかではなくみことばによる以外にありません。

信仰者一人ひとりがみことばを受け取るために、ルターがもっとも大切にしたのは、説教です。教会で神のみことばが取り次がれること、これこそ一般の人々の信仰生活のためにはなくてはならないものです。

逆説的な生き方

一般に言葉というものは、それが世界の中にその言葉によってとらえられる「もの」に存在を与えます。例えば、私たち日本人は「虹は七色」と言いますが、アメリカなど異なる文化においては六色であったり、五色であったりします。それは、違う虹を見ているからではなく、グラデーションで少しずつ変わっていく虹の色に名前をつけて幾つにわけたかということでしょう。細かに言葉を与えることで、他のものから区別がされて一つの存在が示されるようになるわけです。藍が青と区別されるように見えるのは、その言葉を持つからその現実を見いだすことになるのです。言葉こそが世界にそのものの存在を与えているのです。言葉がなければ、そこには何もないのといってよいほどなのです。

人間の言葉であってもこのように世界に実在を与えていく力を持つわけですから、神のみことばであればなおさらです。神に語りかけられる魂が、そのみことばによって見えてくる世界を実在としてとらえていくことができます。

つまり、私の魂の存在が神様のみことばによってはっきりと見いだされてくることによって、信仰のまなざしをもつことになるのです。それは、私たちが神のみことばによって世界を新しく見いだしていくことができるようになるということです。神のみことばが、それに信頼するひとにどのように世界に新しい姿を見せるようになるのか。それは、神の計画、約束を目に見えている現実の向うに見いださせるということです。だから、目の前に絶望的な現実が広がっていても、その向うに神の約束される神の世界を同時に見いだしていく力をあたえるのです。

たとえば、聖餐のパンとぶどう酒がそのままにキリストの身体とキリストの血であるのは、みことばによって見いだされる、信仰による新しい現実なのです。同じように、罪人である自分の現実に、神の愛によって生かされる新しい義人としての自分を見るのです。この世界は罪と悪、死が覆い尽くしている絶望的姿に見えたとしても、しかし、神のみことばによって、そこに神の治めたもう平和があるといえるのです。

こうして、信仰を生きる者、みことばに生かされる人には、その信仰のまなざしに見いだされる世界が立ち現われてくる。信仰者は、この世にあって、これまでとは違った生を生きるように召されていくのです。つまり、自分自身の現実も、自分を取り囲む現実も、普通にみれば何の価値も見いだされない虚しさや望みのないものであったとしても、なお、そこに神の約束された世界を確かに望み見るのです。

そこにいわば、逆説的な新しい生き方がはじまるのです。先ほども確認しましたように、魂の自由といってもこの世界と無関係で無責任になるような自由を与えるものではありません。むしろ、この世界がどのような状況であっても、それによって一喜一憂するのではなく、神の御国の実現をみているのです。神の望む平安を、いわば先取りして、目の前の絶望から自由になり、そして罪や悪にまみれた自分から自由になって、神の愛を実現する生をはじめる。神のみことばが、私たちを自由と愛に生きるようにするのです。

キリストと一つ

神のみことばへの信頼が、このような新しい生き方を作ります。ルターは、信仰者というものは、一人ひとりが、このように神のみことばに聞き、神との新しい関係を生きるものだと言っているのです。

さて、そのときにこのみことばはキリストご自身だと言ってよいでしょう。キリストというみことばが私たちに働くのです。

キリストがみことばであるという意味は、いったいどういうことでしょうか。福音書を中心として、聖書によって私たちにはイエス・キリストの具体的な生涯が証されています。キリストの教え、人との関わり、そのふるまい、そして十字架の死に至る歩みと神によってもたらされた復活までが示されているのです。私たちには、キリストの二つの姿をもって私たちにあらわれるとルターは言います。一つは王であるキリストです。目に見えるこの世界は、人間の支配するところであり、そこには悪と罪がはびこり、争いが絶えないのです。しかし、キリストが王であるというみことばは、このキリストが私たちの目には見えていないけれども、真実、この世界を霊的に納め、約束された御国を見せるのです。そして、今ひとつは祭司としてのキリストです。罪深い私たちを霊的な祭司としてとりなし、赦しを与えるのです。

ですから、このキリストは私たちの生きる現実の中に神様の愛をもたらす神からの恵みであり、賜物です。

けれども、こうした賜物としてのキリストは、同時に模範としてのキリストでもあります。生涯にわたる愛、とりなし、癒しの奉仕、ゆるしなど、イエス・キリストが父なる神のみこころを生きた真実が、私たち信仰者にとっては具体的な模範として与えられてくるのです。

ルターによれば、こうしたみことばとしてのキリストを信仰者が自らに受け取って生きることを、キリストと信仰者が一つになることという表現をします。キリストとの一致の信仰です。ちょうど、ガラテヤ書の二章二〇節において、パウロも自らのうちに生きるキリストを証していますが、信仰における神秘といってもいいでしょう。神のみことばが信仰者に働き、キリストの恵みに与らせ、喜びと感謝のなかでキリストの模範に従う生を造り出すということでしょう。

それだから、信仰者はキリストの新しいいのちに与り、キリストが自らの生涯を通して証しされるように生かされていくというのです。それは、決してそれぞれ人間の努力や精進によって産み出されるのではなく、ただ、神の恵みのみわざによってもたらされる、信仰の出来事だと言ってよいと思います。そして、このキリストと一つになることで、祭司としてのキリストの働きが当然に信仰者一人ひとりのものとなるのです。ルターは、「キリストが私に対してなってくださったように、私もまた、私の隣人に対して一人のキリスト者となりたい」といっている。この「一人のキリスト者となる」というところは、「一人のキリストとなる」とも訳されることができるのですが、人に仕え、とりなし、生かすようにキリストの愛を生きる者とされるのです。これがすべての信仰者における祭司としてのキリストのつとめなので、「全信徒祭司」という言い方がなされるのです。

聖俗二元論を超えて

伝統的な教会は、みことばの権威を教会のヒエラルキーによって保ってきました。これは教会が一つの教会であることのために必要な方法だったと言えます。教会には様々な誤った考えや教えが忍び込みます。人間の自己を満足させたい思いや罪の力が、信仰の教えを歪め、神のみこころを生きる信仰を妨げてしまうということがおこってきます。だから、教会をしっかりと導き、あやまりを正していく監督の務めやそれに従ってそれぞれの教会を整える仕組みが必要なのです。そのために教会の職務・働きを担う専門の人たちが必要とされてきました。

しかし、こうした工夫が神の権威と直接に結びつけられ、絶対的なものされてしまうところに問題があります。つまり、この教会の働きを担う人たちだけが聖なる職業で、それ以外は俗なるものとし、聖なるものが俗なるものにまさって神の権威を持っていると理解されていくわけです。一方は罪がなく神に近いものであり、他方は罪にまみれ、神の恵みには遠いものとされる。そうなると、聖職者と一般の信徒というような分け方がなされ、霊的権威をもって特定の人たちが、他の多くの人々を支配していく構造がつくられていきます。だから、聖職者が一般信徒を神にとりなしをするもので、一般信徒はとりなされるものという二元論が生まれていきます。

ルターはこうした聖俗二元論の考えがキリスト教世界を支配していた中世の教会と社会に対して、宗教改革を呼び掛けたのです。もちろん、それは一人ひとりの信仰の在り方を問うものなのですが、教会全体のなかにある聖職者と一般信徒という区別そのものも見直されていくことになります。つまり、人はだれもが等しく神の前に罪人であり、しかし、その罪人がみことばに与り、信仰が与えられ、キリストによって義とされ、聖なるものとされる。そこに救いがあるのです。だから、洗礼をうけた信仰者は誰でもみことばに直接与り、生かされていくべきですし、そのために教会のすべては整えられなければなりません。誰もがみことばを聞き、学び、自らの信仰においてそれぞれの働きに生かされていくのです。

教会の職務としての牧師と信徒が、それぞれ聖なるものと俗なるものと分けられるものではありません。そして、みことばの権威とその働きへの責任は信仰者であれば皆がそれをもっているのです。信仰者は誰もがお互いにみことばを伝え、とりなし合うものなので、教会の職務にある者もまたとりなしを必要とする者なのです。

もちろん、だからといって教会で誰もが説教壇にたって話をするということではありません。それは専門的な職務として教育も必要ですし、秩序に従った正規の召し、委託がおこっていなければならないのです。神の教会において、福音の説教と聖礼典を福音に基づいて執行するためには、秩序をもって召された人が働きを担うのです。

つまり、牧師と信徒は職務としての違いがあるのですが、人々はみな神のみことばに生き、そしてそのみことばが伝えられるべき宣教の責任を分かち持っています。

教会での奉仕の業

信仰を持って生きる一人ひとりは、教会の働きがキリストご自身の働きなのですから、キリストに連なる枝、あるいは肢体として、教会の働きに参与するものです。単にお客さんのように教会からなにか礼拝・奉仕（サーヴィス）をもらうということだけではなく、その働き（サーヴィス）そのものに参与すること、用いられていくものであるということだと思います。信徒は単なる霊的なものの消費者なのではありません。私たち自身が神によって生産されたものですし、それを分かち合い、より豊かに神の恵みを産み出す務めについているのです。信仰者として教会に連なるということは、そのように神の働きを生きるものであるということなのです。

それは、決して教会の役員をするとか、礼拝当番で受付をするということだけを言っているではありません。むしろ、ともにみことばを分かち合い、祈り合い、またそれぞれの生活の場に神様のみこころを携えて派遣されていくという、礼拝そのものに与ることにおいて、私たちは神の奉仕に参与しているといってよいのです。ルターは会衆が歌う賛美は会衆の説教であると言っていますが、まさにそうして礼拝の中で私たち皆がその神のみ業の中に生かされているのです。

そのことをまず確認して、信徒も教職も共に礼拝にあずかり、その礼拝から日常の生活へと派遣されていく恵みをうけとるのです。そのうえで、信徒の一人ひとりが、その教会を私たちが集い、礼拝にあずかり、交わりを持ち、そして、みことばを伝えていくために整える様々な奉仕の働きがあることを皆で確認し、それを分担していくことが考えられるとよいと思います。

どのような働きがあるのか、皆で確認し、自分たちの教会として分担していくことが求められるでしょう。そして、そのすべてにおいて、他者のために祈り、神の宣教に仕える喜びを分かち合えるようにお互いに支え合うことがなによりも大切なことです。

すべてにおいて、神と人とに仕えるものとして

けれども、私たちが信徒として、ひとりの小さなキリストとなるということは、ただ教会の中の働きのことだけ考えるということではありません。ルターは、聖職者だけが神に選ばれた特別な聖なる務めではなく、この世のすべての務めがこの世界を神の世界として一人ひとりを生かすために必要な働きであって、その働きにすべての人が召されているとしています。その召しをベルーフといいます。世界のなかで、それぞれの働きによって人々の必要を満たし、神のみこころを実現するように生きるということを真剣に考えなければなりません。

ただ、現代の世界のように産業も流通も非常に複雑化し、抽象化してきた世界であるとき、ルターの言っていたような意味でのベルーフを生きているかということについては慎

重に考えなければならないでしょう。そもそも人間の必要を満たすための働きとして神に仕える働きが仕事となっているのではなく、この世における欲望の満足と利潤の追求のために働くような世界になってきているのです。仕事が即ベルーフというように単純なことばでとらえるとむしろ本来ルターが考えていたことが見えなくなってしまいます。

私たちはそれぞれに人に仕え、神のみこころを実現する働きということを現代世界において、今一度とらえなおすひつようがあるのです。

ルターは、また個人的な関わりのなかで、家族として、友として生きるその場において、執り成し、祈るものであることを教えています。家族であること、誰かの子どもであることも、親であることも、その関係のなかに神の召しがあると言っています。私たちが具体的な人間関係のなかで愛を生きることは、自然にまかされることなのではなく、その関係において何をするのか、神に問われ、求められることがあるのです。

その意味で、私たちが生きるあらゆる人間関係、また自然との関係においても、自分たちが神にもとめられていることがあることを知りたいのです。そして、自分の思いや感情、その自己実現のためではなく、神の求めに応えていく生き方へと私たちは自らをととのえるのです。そこにこそ、信仰者が祭司として、キリストとの一致、いやキリストを生きる者としての信仰の生があると言うべきだろう。

（石居基夫）

信仰と行為

なぜ「信仰のみ」なのか――塔の体験――

ルターの信仰の歩みは、具体的には、一五〇五年、彼が二二歳で修道院に入った時に始まります。彼はエルフルト大学で法学を学ぶ大学生でしたが、帰省から大学に戻る途中、落雷に出会い、死の恐怖の中で、守護聖人である聖アンナに祈り、もし命が助かったら修道院に入ることを誓ったのです。その結果、彼は無事でしたが、誓いによって、ただちに大学のすぐ近くにある厳格で知られたアウグスティヌス隠修士会の修道院に入ったのです。

当時の教会の教えでは、天国に入るためには、「善きわざ」を行い、徳を積むことを通して神の前に「義しい者となる」、言い換えれば「義と成る」、そういう者が天国に入ることができるとされ、彼もまたこれを信じていました。

さて、ルターが修道院生活に入った動機は「私は如何にして恵みの神を獲得できるか」というものでした。これは考えてみると、何ともすさまじい言葉です。「獲得する」とは、ただ待っているというのではなく、自ら積極的、能動的に立ち向かっていくということです。「如何にして」というのですから、これはもう出来る限り、創意、工夫、忍耐、努力等を伴って行動するということでもあります。そして、彼が獲得すべき対象は、人からの施しのようなものではなく、「恵みの神」御自身なのです。これまた、大変なことです。これだけを取り上げても、ルターの並々ならぬ決意が直ちに伝わってきます。ルターが当時の教会の教え通りに、「善きわざ」を成し遂げ、なんとしても神にまで至ろうとする、その命がけの姿がこの言葉から浮かび上がって来ます。

第二〇項では、内的な人がキリストの故に「神と一つになる」という表現が見られますが、これなどは、直接神に至る通路を見出そうと熱望していたルターが、神との合一を説く「ドイツ神秘主義」にも親しんでいた、その影響が現れた箇所と思われます。ともかく、若きルターは、救いを、すなわち天国を、何よりも渇望していたのです。

そんなルターでしたので、修道院生活においては、厳しく「清貧」、「貞潔」、「服従」を要請するアウグスティヌス会の修道院規則に忠実に従い、教会の教え通りに、絶えず神の言葉である聖書を読み、一日に何度も、神に祈り、詩篇を唱え、誰よりも熱心に十戒を始めとする神の戒めすなわち「律法」を守り行うことに専念したのです。

教会の長い伝統の中で、「律法」を守ることにより救いに至ることを支えている制度が「告解」の秘蹟あるいは「ざんげ」の秘蹟と呼ばれるものでした。これは、今日のカトリック教会では「ゆるしの秘蹟」と呼ばれていますが、教会における重要な定めのうちで最も尊重されるべきサクラメント（秘蹟）の一つに位置づけられています。

この秘蹟の内容は、聖職者に自分の犯した「全ての罪」を心から悔い、告白することによって、「罪の赦し」が与えられる、すなわち、神の前で「義と成る」というものです。ルターはこれを誰よりも熱心に求め、忠実に実行しました。

しかし、その結果、思いもよらぬことに、彼は、与えられるはずの「罪の赦し」の確信をどうしても持つことが出来ない自己自身をそこに見出したのです。それが彼の鋭敏すぎるほど鋭敏な「良心の偽らざるこたえ」でした。彼は、律法を満たそうと力を尽くしているにも拘わらず、いざ告解の場に臨んでみれば、自分は神の律法を守ることができず、罪を犯し続けてしまう罪人以外の何者でもない、自分は罪赦されていないのだ、という自己認識から逃れることはとうとう出来なかったのです。

更に、そのことは、「恵みの神」であるはずの神が、彼には、どこまでも罪人を罰するために罪を追究して止まない恐怖すべき「裁きの神」として立ち現れていたことを意味していました。ここに至って、彼は絶望に陥ってしまい、遂にはそのような神を憎むまでになった、と自ら告白しているのです。

そんなルターに、彼の上司は聖書を教える教師となることを勧めました。一五一二年、二九歳で聖書学の教授となったルターは、以後聖書を講ずることとなりますが、ある時、ローマの信徒への手紙一章一七節の「神の義は、その福音の中に啓示され、信仰に始まり信仰に至らせる。（口語訳聖書）」という言葉に思いをめぐらしていた時、「福音の再発見」と言われる「新しい神の義」の認識が、彼に起こったのです。この時、彼は「まるで天国の門が開かれたように思えた」。

それ以前のルターにとって、「神の義」とは、モーセの十戒を初めとするあらゆる律法の遵守を要求し、これに違反した罪人を厳格に裁く神の「法的正義」であり、神はその律法に記されている正義をどこまでも熱心に追及する方でした。しかし、この出来事以後のルターにとって、「神の義」は、人間の行う「善きわざ」や人の犯した「罪」の内容如何に全くかかわらず、ただ神の「恵みのみ」によって救われる、すなわち「罪人が神に受容される」ことを指す言葉となったのです。そのようにして、罪人が神から赦されることから、この「新しい神の義」を、神から受け容れられる義、すなわち「受動的義」とルターは呼ぶのです。

そのことを「信仰」と「行い」の視点から見ると、人は「善きわざ」を行うことによっては決して神に至り得ず、ただ「信仰のみ」を通して「恵みの神」に至ることが出来るということになるのです。これは、根本的に新らしい信仰の「自由への道」の発見の出来事ということになるのです。この出来事のことを、ルターが修道院の塔の小部屋でした体験ということで「塔の体験」と言います。

この体験の後、ルターは、一五二〇年にこの『キリスト者の自由』を書き、同年、この本に先駆けて『善きわざについて』という書を著し、信仰と行い（わざ）の関係について、こう述べています。「信仰はわざにおいて始まるものではない。またわざが信仰をつくるのでもない。信仰はまさにキリストの血と傷と死から湧きいで流れでてこなければならない」。つまり、ルターによれば、「善きわざ」によって、神の救いに与る、すなわち神の前に「義と成る」という、このような救いの道筋の順序は、成り立たないのだ、ということなのです。正にローマの信徒への手紙一章一七節にある通り、「神の義は、その福音の中に啓示され、信仰に始まり信仰に至らせる（「口語訳」）」のです。

従って、信仰と行いの関係において、その事柄の本質を見極めるためには、信仰が優先（というより、「信仰のみ」がそれを可能にする）、そして、行いはその次の段階で信仰から生まれる、という順序が、非常に重要であることを、ここで理解することが大切です。なぜなら、これが、ルターが自ら八年間の修道生活の苦闘の後に知り得た、何ものにも代えがたい救いにおける真理であるからです。

信仰と行為

第一九項では、「信仰のみによって、人が義とされるならば、何故、「善きわざ」が命じられているのか？」という至極当然の問いがなされます。実際、歴史的にも、ルターの後に、「善きわざ」をなすことなど不必要だとか、それどころか、善きわざの基準ともいうべき「律法」さえも不必要だという、文字通り「無法」の「反律法主義」的な「信仰のみ」の立場が、登場してきました。この問いに対して、ルターは、「キリスト者はすべてのものに仕える僕であって、だれにでも服する」という『キリスト者の自由』冒頭の第二の命題を掲げ、無律法や反律法主義的な「信仰のみ」の考え方を否定するのです。

第二一項で、ルターは「行いは神の前に義であるための善きわざであってはならず、ただ神のみこころに適うために、報いを求めず、自由な愛からこれをなすべきであり、それ以外に、何をも目指してはならない。信仰なしに行いによって義と成ることのために力を尽くすのは、キリスト者の生活と信仰についての大きな誤解である。」と説きます。

すでに読者は、これが、ルター自らの修道院での「恵みの神」を獲得するための苦闘から出た衷心からの言葉であることを十分理解されるでしょう。ルターは、繰り返し、信仰無しの行いをもって神の前に義と成ることはありえず、ただ神のみこころを最も良く行いたいという信仰に基づき、行いはその信仰から自ずと生じるべきだ、と説くのです。

ルターの職業召命観

第二二項で、ルターは、アダムのエデンの園での勤労の意味について考察しています。アダムは神から義しくまた善く造られたので、罪の汚れなど知らず、従って彼は行いによって改めて義となる必要などなかったわけです。エデンの園でのアダムの勤労はただ神のみこころに適うため以外になされる必要がない、全く自由な愛の行いでした。それは第二一項の言う「ただ神のみこころに適うために、報いを求めず、自由な愛からこれをなす、信仰ある人の行い」そのものだと言うのです。

確かに、創世記によれば、アダムは最初神によって造られ、エデンの園にいたころは、食べるための労苦などは無く、従って働く必要など、さらさら無かったのです。ところが、アダムとエバが、神から「食べるな」と禁止されていた木の実を食べた、すなわち、罪を犯した。その神の禁止への違反により、彼等はエデンの園を追放され、それ以来、人間は、その堕罪の罰として、顔に汗して労働し、苦労しなければならなくなった、と述べられています。このことが、西欧世界において、人間にとっての労働とは「罰」である、とする労働観を生んだのだとしばしば言われます。

しかし、興味深いことに、ルターは、アダムは神から義しくまた善く造られ、罪の汚れなどなく、従って行いによって初めて義とされなければならない必要などなかったにも拘わらず、「主なる神は人を連れて来て、エデンの園に住まわせ、人がそこを耕し、守るようにされた（創世記二章一五節）。」という聖書の言葉に、俄然注目するのです。ルターは、このアダムのエデンの園の労働こそ、本来の労働の本質である「全く自由な行い」であって、それは「ただ神のみこころに適うことの外にはなにもののためにもなされるものではないもの」であるとし、「信仰ある人の行いもこれと同じだ。」と言うのです。

ここから、ルターの極めて自由な「労働観」がうかがえます。それは、彼の「職業召命観」といわれるものにつながります。ルターの生きた中世世界では、この世は聖俗の二つの世界に分けられ、それぞれの世界に属する人々の職業も聖なる職業（聖職）と世俗の職業（俗職）の二つに分けられていました。聖なる職業とは、神に仕える職業であり、具体的には教会の司祭や修道士の職務を指します。それ以外が世俗の職業であり、この俗職は十分に神の律法を満たすものではないとされ、「卑しいわざ」とされました。例えば、今日ではごく当たり前のことである商業で利子を取ることは、隣人に対する「むさぼりの罪」として禁止されていたのです（ルカによる福音書六章三五節を参照）。

しかし、ルターは、本来職業に貴賤はなく、どの職業もそれぞれ神からの各人への「召命」であると捉えたのです。それは、近代社会の特徴である職業選択の自由や、神の前での人間の平等な権利を告げる思想の先駆けとなりました。これにより、ルター以後のドイツでは、神の「召命」を意味するドイツ語の「Beruf（ベルーフ）」は、「職業」を意味する一般的な言葉となりました。

ルターの「職業召命観」は、それまで、教会や修道院の中にしかないと思われていた「聖なるわざ」が私達の世俗の生活の中にも見出だされるということを、人々に教えました。例えば、今では、スーパーのサービスや喫茶店のモーニングサービスはどこでも見かけられますが、「サービス」の元来の意味は「礼拝」であり、「奉仕」でした。それは、はじめ、人々の各自の職業や仕事といった生活の場において極めて自由に神への感謝や讃美をあらわす「聖なるわざ」であり、世俗的営みにおいて「神のみこころにかなう」ために行われる「礼拝」や「奉仕」の精神の発露であったのです。それは言わば「生活の聖化」でありました。ところが、現代になると、もはや「聖なるわざ」であった意味がすっかり忘れられるほどに「世俗化」してしまったのもまた事実と言わねばなりません。確かに、今は「スーパーのサービス」は信仰を生み出さない、しかし、今も信仰は「スーパーなサービス」を生み出す、ということは心に留めておいて良いことでしょう。「信仰」から「行い」へは、このように不可逆な関係なのです。

よい木とよい実

さて、第二三項でルターは、繰り返し、信仰が先で行いが後という順序について言及しつつ説明を重ねています。すなわち「信仰」を樹木に喩え、「行い（わざ）」を木の実に喩えて、聖書を引用しつつ語るのです。すなわち「よい義しい行為が、よい義しい人をつくるのでは決してなく、よい義しい人が、よい義しい行為をする。また、悪い行いが悪い人をつくるのでは決してなく、悪い人が悪い行いをする。」、「良い木が悪い実を結ぶことはなく、また、悪い木が良い実を結ぶこともできない。（マタイによる福音書七章一八節）」。「つまり、いずれにせよ、まず人が、あらゆるよい行ないに先だって、よく義しくあり、これに続いて、よい行ないが、義しくよい人から生じてこなければならないのである。」と言うのです。

第二四項でルターは行いから信仰に至ろうとすることの不毛と危険について語っています。人が義しくあるいは悪くなるとすれば、それは行いにではなく、その人の信仰に起因するのであり、人間の善し悪しは外面にあらわれるということは確かに真実だけれども、この見かけ、外見が、実に多くの人々を誤らせるのも事実だと言うのです。

第二五項では、ルターは「善きわざ」を行おうとする人間の心の最深部に秘められている誤った「罪深い意図」の本質について極めて鋭く語っています。ルター以前の教会の伝統では、この心の最深部の誤った「罪深い意図」は、「原罪」という言葉で、アダムの堕罪以後の人間に、多分に性的な意味での「情欲」として備わってしまっている「罪への傾向」と理解されていましたが、ルターは、自らの信仰の闘いを通して、これを人間が生まれながらにして持っている「限りない自己追求心」と捉え直しました。

ここに、ルターの極めて近代的な一面である自己自身を見つめる精神がかいま見えます。すなわち、彼は、やはり彼の体験から「義と成らしめることは行いのなし得るところではないのに、行いが敢えてこれを成し遂げようと企て、恩恵からその働きと栄光を奪おうとする。人間は行いを、その外見だけをよく見せかけようとするが、その誤った罪深い意図の故に、これを否定せねばならない。しかし、この行いにおける罪深い意図は、信仰が無ければ、克服することはとても困難で、自然的本性が自からこれを駆逐することは出来ないし、それを認識することすら出来ない。自然の人は却ってこれを貴重な、祝福をもたらすものであるかのように思い込み、その結果多くの人々が惑わされる。」と指摘するのです。

この部分のまとめで、ルターは「つまるところ、信仰は神の呼びかけから起こり、これに応じて、人間は神の戒めへの畏れにより心砕かれて謙虚になり、自己認識にまで導かれ、このようにして、神の言葉の信仰を通して義とされる。」と語るのです。

（高井保雄）

愛の奉仕

喜捨をして「ありがとうございます」

仏教国タイの朝の風景。橙色の僧衣を着た僧侶が托鉢をして回ります。訪問された街の人はいそいそと喜捨をします。そして言います「ありがとうございました」と。喜捨を受けた方がではなく、喜捨を行った方がそう言うのです。なぜでしょうか。それは、托鉢僧が来てくれたので、喜捨という善行を行う機会が与えられたからです。わずかであれ「功徳を積む」チャンスをいただけたから、「ありがとうございます」なのです。喜捨はここでは僧にとっては糧を得ることができるから喜ばしいことですが、同時に、進んで施しをする側にとっても「己の救い」のために功徳を積む貴重な機会なのです。

ルターの時代もまた「善い行い」が勧められていました。そこでもまた紛れもなく「己の救い」をより確かなものにするために、教会によって勧められていたのです。善行自体は良いことでしょう。それによって恩恵を被る人がでるのですから。そうです、困っている人に救いの手を差し伸べることは褒められこそすれ、非難されることであるはずがありません。しかし、もしもその動機が純粋に困った人のためではなく、自分のためであったとしたら……。

昨今ボランティア活動がずいぶん広まってきました。どうしてボランティアをするのかと尋ねられて「感謝されるのがうれしくて」と無邪気に答える人もいるものです。感謝されるのはうれしいに決まっていますが、果たしてそれが真の動機や目的でしょうか。そうであっていいのでしょうか。自分が感謝されるというれしい思いをするためにボランティア活動をするのでしょうか。感謝は相手への奉仕に対して、結果として添えて与えられるものではないでしょうか。

「自己中心」という罪からの解放

マルティン・ルターはラディカルな（「過激な」、否、それ以上に、「根源的な」）問いを発し、自ら必死で答を見つけ求める人でした。自分が神さまに受け入れられ、認められ、願わくば永遠の命に与《あず》からせていただくために、つまり、「自分の救い」のためにいったい何をなすべきか、何をできるのか——こう自ら問い、教会に教えられ課せられた、また自分で考えられるあらゆることを、彼は誠心誠意努めてみました。

でも、その結果、自分には神さまを満足させるほどの、自分を救いに至らせる何もないことに思い至り、絶望的に苦しみ悶えました。修道士としての信心行にしても、人としての隣人愛にしても、神のため、隣人のためと言いつつも、どこかに、わずかではあれ、「自分のため」という動機が残っているのです。純粋に神のため、隣人のためにはなり切れないし、どうやってもそのことを克服できないことを思い知ったのです。そのような「自己中心性」をルターは神の前での「罪」だと理解し、そのような本性を逃れられず持っている自分を神の前での「罪人」だと認識したのです。

しかし、感謝すべきことに、ついに「恵みによってのみ」「信仰を通してのみ」人は救われるという福音（良きおとずれ）を与えられ、それを受けて、とうとう彼は自分の救いを勝ち取るために刻苦勉励する苦しみから解放されました。恵みのみによって「罪の赦し」を与えられたのです。それに伴い、善行の義務からも解き放たれたのです。

それでも必要な善い行い

では、もはや何もしなくてよいのでしょうか。これが問題です。大問題です。「救いを得るためには善い行いは必要ない！」と大胆に言い切ったルターは、非難されました。論敵からだけでなく、教会の権威によっても批判され、また真面目な信徒や修道士を戸惑わせました。現代の私たちも面食らうでしょう。

それに対して、ルターはいささかの曇りもないように明瞭に主張します。「たしかにそうだ。けれどもこのことはしっかり聞いてほしい。〝救いの恵みに与かった以上、もはや自分の救いのためには善行は必要はないのだ。しかし、自分のためにではなく、ひたすら隣人のために愛の奉仕をするのだ。〟」「自分が受けた神の宝を隣人に分かち合うのだ」と。

この主張とこの論理をルターは『キリスト者の自由』（一五二〇年）と『善い行いについて』（一五二〇年）の中で熱く語りましたし、『アウグスブルク信仰告白』（一五三〇年）も一条を割いて「善い行いについて」述べています。

人間性は「人間性《じんかん》」

まず確認したいこと、それは、人間は独りで生きるのではなく、人間同士の関係の中で生きているということです。人間はそのようにしか生きることはできないことです。だから、あえて強く言えば「人間性《にんげん》」とは、とりもなおさず誰もが「人と人との間柄関係を生きる」という意味で「人間性《じんかん》」なのです。しかも身体をもって生きていますから、その関係はけっして抽象的ではなく、極めて具体的になります。だれかにする善い行いとは愛の奉仕と言い換えてもかまいません。

「信仰のみ」を掲げるルター派ですが、そこにはたしかに、順序は違いますが、善い行いの勧めがあるのです。隣人への善い行いがなければ人は生きていけません。助けるとか支えるとかの行いが生きていくのに必要不可欠なのです。

しかし、間違ってはいけませんが、このことは、私が生きていくためにはだれかに善い行いをしなければ生きていけないということと同時に、そういう私もまただれかに善い行いをしてもらわなければ生きていけないということでもあるのです。私はだれかを支えているかもしれないが、実は私もだれかに支えられているのです。「人間性《じんかん》」を生きているかぎり、善い行いはだれにとっても必要なのです。「人間性《にんげん》」は「相互性」と言ってもよいでしょう。

わたしもまた「していただいている」

このことと、ルター派にとって大事な教えのひとつである「全信徒祭司性」（長く「万人祭司」と呼ばれてきた）とを比べてみましょう。「全信徒祭司性」の中で、キリスト者はキリストがそうであるように、他者のために「執り成しをする者」であることが強調されていますが、すべての人が「執り成しをする」ということは、実はこの私もだれかに「執り成しをしてもらっている」ということになるということを意味します。これは論理的にそうなるというだけではなく、実態としてそうなのです。

まったく同じように、「隣人への善い行い」も、私もまただれかに愛の奉仕をしてもらうことがなければ生きていけないという事実、そして実際だれかに愛の奉仕をしてもらっているという現実を踏まえた上で、善い行い、愛の奉仕の勧めが行われているのです。

ただし、自分が愛の奉仕、善い行いをしてもらってはじめて生きて行けているということには、案外だれもが気づいているわけではないでしょう。ルターは自分のために執り成しをしてくださっている方の最たるお方がイエス・キリストであり、自分のために善い行いをしてくださっている最大のお方がイエス・キリストであることを明確に捉えていました。

善い行いをする力の源泉

ルターが善い行いをすることを語るときに、極めて特徴的なことは、「善い行い、愛の奉仕をするその力がいったいどこから出てくるのか」という点を強調しているところです。はっきりしているのは、善い行いをしなければならないからする、という「ネバナラナイ」という問答無用の道徳律ではないということです。もちろん、してもよいししなくてもよい、というのではなく、善い行いをすることへと招かれているのです。出エジプト記二〇章に記されている「十戒」の冒頭には、「わたしは主、あなたの神、あなたをエジプトの国、奴隷の家から導き出した神である」と語って、憐れみ深い神からとてつもなく大きい恵みをいただいたのだから、それにふさわしい生き方をするように勧められているのです。ルターが隣人への善い行いを勧めているとき、それへと向かい実践する原動力は「ネバナラナイ」の戒めではないのです。「先行する神の恵み」なのです。

一見相反するけれども

この「奉仕する力」について考えるときに、すぐに思い出されるのが、ルターの名著『キリスト者の自由』の冒頭に掲げられている二つの一見相反する命題です。キリスト者（キリスト教的人間）とは何であるかとの問いにルターはこう語っています。

キリスト教的人間はすべてのものの上に立つ自由な君主であって、だれにも服しない。

キリスト教的人間はすべてのものに仕える僕であって、だれにでも服する。

このまるで逆のことを言っているような二つの命題は、いったいどういう関係になっているでしょうか。そのことは、二つの命題をどんな接続詞でつなげばよいか、というふうに考えると、ヒントが見えてきます。二つは単純に相反する事実を認め、価値判断をせずに事態を描写していると考えると、「そして」とか「また」とか「同時に」などの接続詞が用いられるでしょう。また、実際に反対のことを言っているのだから、「しかし」とか「けれども」とか「にもかかわらず」などという類いの接続詞も当てはまるでしょう。

ところで、最初の命題とそれに続く命題――「自由な君主」で「だれにも服さない」と「仕える僕」で「だれにでも服する」――を、こうも結びつけられるのではないでしょうか。つまり、キリスト者は「自由な君主」で「だれにも服さない」存在だから、その自由を用いて喜んで「仕える僕」となり「だれにも服する」という具合にです。そのために選ばれるのは「それゆえに」とか「だから」とかという理由や原因を示す接続詞がふさわしいと思われます。「自由」だから「仕える」、この論理が、冒頭の二つの命題には書いてはないけれども、『キリスト者の自由』の全体を貫く主張であることは明確です。いえ、そもそもその前に人は「福音」によって「自由」にされた、その「自由」を用いて人は「仕える」のだ、と述べているのです。繰り返しますと、「自由にされた」「自由である」「だから仕える」という筋道なのです。

ここに鍵があります。『キリスト者の自由』の前半では、自由は外的なものによらない、信仰の義から信仰の自由に至る、神の言葉が魂を自由にする、行いなしに義とする信仰によって人は自由を与えられる——こういう論述の流れは、キリストが一方的な、恵みのみによる「罪の赦し」と「新しいいのち」を与えられるという根本的な神の出来事、福音の出来事によって、（内的な）人は根本的に「自由にされる」という福音のメッセージを示しているのです。キリストのゆえに、恵みのゆえに、根本的に自由にされる、否、既に自由にされているのです。

「……カラノ自由」と「……ヘノ自由」

もちろん、ルターが言いたいのは、そしてその大元にある使徒パウロが綴った手紙に確かに謳ってあるのは、自由は自由でもたしかに「……カラノ自由」です。わざわざ「……カラノ自由」などと言わなくても、日本で自由といえば、はっきり言って「……カラノ自由」です。自由は「他からの束縛を受けず、自分の思うままにふるまえること」と理解されることが一般的でしょう。それゆえに、「規制や束縛からの自由」、「義務からの自由」、「貧困や不正からの自由」なのです。言うまでもなく、これらは社会生活にとって極めて重要です。だからこそ歴史的に、多くの血を流してまで戦って勝ち取られてきたのです。旧約で言えば、エジプトの「奴隷状態からの解放」こそ自由なのです。けれども、キリスト教の中では、自由は社会的な拘束からの自由にとどまらないのです。

「罪からの自由」であり、善い行いという律法の軛からの自由なのです。身体的束縛や抑圧からの外的自由に加えて、内的、霊的な自由が強調されています。使徒パウロは人間が「罪の奴隷」であることを根本的な問題としたのです。「罪の奴隷」となっている人間（罪人）に対して、十字架の福音はそこに「赦し」と「解放」をもたらしました。これこそ福音の中核にほかなりません。

しかし、強調しなければならないのは、聖書的な「自由」とはそこには留まらないということです。ということは、「福音」とは「……カラノ自由」だというのは、事柄の半分だということです。自由にはもう一つの側面があるのです。それが「……ヘノ自由」なのです。何にも縛られず、なにもしないでよい自由にとどまらずに、「なにかをすることへの自由」なのです。いわば、新しいいのちのあり方への自由なのです。

使徒パウロの勧めは端的に言ってこうです。「兄弟たち、あなたがたは、自由を得るために召し出されたのです。ただ、この自由を、肉に罪を犯させる機会とせずに、愛によって互いに仕えなさい」(ガラテヤの信徒への手紙五章一三節)。自由になったのだから、一切の義務から解放されたのに、あえて愛すること、つまり、そうやって他者に関わること、その相手のためにわざわざ労苦を引き受けること、すなわち仕えること――それを選び取りなさい、と。これは強いられてするのでもなく、ましてや打算からするのでもなく、まったく自由な心からそうするのだというのです。

ここまでで明らかなのは、「善い行い」、「愛の奉仕」をすることへとわたしたちを押し出すのは「福音の力」、イエス・キリストの十字架の死と復活による罪の赦し、それによる「罪の奴隷状態からの解放」だということです。それこそが、聖書的、パウロ的、ルター的な愛の奉仕の力の源泉なのです。

ルターの肉声

ここまででルターの「愛の奉仕」についての考えが明瞭になったのですから、あとはもう一度ルター自身の肉声に耳を傾けて、それを自分の心に深く刻みつけましょう。『キリスト者の自由』二七項と三〇項に全編の神髄が書かれています。先ず二七項です。

「さてキリスト者は全く自由なのであるが、自分の隣人を助けるために、かえって喜んで自らを僕とし、神がキリストをとおして自分とかかわってくださったとおりに、隣人と交わり、またかかわるべきである。つまり、すべて報いを考えずに、ただ神のみこころにかなうことのみを求め、次のように思うべきである。すなわち、『まことに私の神は、まったく価値のない、罪に定められた人間である私に、なんの功績もなしにまったく無代価で、純粋の憐れみから、キリストをとおし、キリストにおいて、すべての義と救いのみちみちた富を与えて、これからのみ私が、そのとおり信じる以外にはもはやなにも必要でないようにしてくださった。このあふれるばかりの財宝を私にこのように注いでくださった父なる神に向かって、私もまた、自由に喜んで、報いを考えずに、みこころにかなうことを行ないたい。また、キリストが私に対してなってくださったように、私もまた、私の隣人に対してひとりのキリストになりたい。そして、隣人にとって必要であり、益となり、救いに役立つ以外のことはするまい。』……見よ、このようにして、信仰から、神への愛と喜びとが流れ出、愛から、報いを考えずに隣人に仕える自由で自発的で喜ばしい生活が流れ出るのである。」

結び、三〇項で彼はこう言っています。「キリスト教的人間は、自分自身においては生きないで、キリストと隣人とにおいて生きる。キリストにおいては信仰によって、隣人においては愛によって生きるのである。」

（江藤直純）

〔座談会〕

二一世紀に『キリスト者の自由』を読む

●出席者（五十音順）

石居基夫（日本ルーテル神学校校長）

江口再起（ルーテル学院大学教授・司会）

江藤直純（ルーテル学院大学学長）

関口昌弘（日本福音ルーテル大岡山教会信徒、会社員）

宮本　新（日本福音ルーテル田園調布教会牧師）

安田真由子（日本福音ルーテル都南教会信徒、シカゴルーテル神学校留学中）

湯川郁子（日本福音ルーテル市ヶ谷教会信徒、主婦）

江口　お集まりいただき、ありがとうございます。今日は、「二一世紀に『キリスト者の自由』を読む」というテーマで、話し合いたいと思います。メンバーは、先日のルター・セミナー（ルター研究所主催、二〇一六年六月六日～八日）の参加者の中から、集まっていただきました。

さて、『キリスト者の自由』はルターの本の中でも恐らく一番よく読まれている名著ですが、当たり前のことながら五〇〇年前の書物です。五〇〇年前と言えば、日本では戦国時代です。織田信長とか豊臣秀吉の時代です。つまり生活の仕方、考え方、世の中の仕組み、万事がことごとくちがう。その上、ヨーロッパと日本にも、大きなちがいがある。と言うわけで、その『キリスト者の自由』を二一世紀の現代の私たち日本人が読めば、どう読めるか。どんな問題が浮かび上がるのか。何が二一世紀の私たちにとって大切なことなのか。自由に話し合ってみたいと思います。

二一世紀　たいへんな時代

江口　今、私たちが生きている二一世紀は一口で言えば、たいへんな時代だと思います。何もかにもが急激な変化にさらされ、一面、豊かで便利な世の中ですが、他方、先が見通せず不安に満ちた世界です。テロや難民、戦争や憲法の問題、格差社会、環境問題や大災害、それに原発問題……。

江藤　そうですね。その上、そうしたいわゆる政治・社会の問題ばかりでなく、一人ひとりの個人に直結する分野でも、今の時代はとてもたいへんだと感じています。よく生老病死と言いますが、そのすべてが一昔前にはなかった難しい問題の山積みです。生きることが難しい、家庭で学校で職場でどう生きていったらよいのか。少子高齢化の中で、どう年を取ったらよいのか。健康の問題、心の痛み、死の問題。一言でいえば「生きづらさ」。誰もが、そう感じていますね。

石居　変化と言えば、ＩＴ化。すべてが電子機器を通してのコミュニケーションによって処理される世の中になりつつある。確かに使いこなせば便利です。しかし、自分の身体を動かすことなく、多くのことが処理されていくのですから、その分、身体の充実感が置き去りにされているのかもしれない。ＩＴ化によって、すべてが便利になり、ずい分自由になった。しかし『キリスト者の自由』が語る自由と、こうした現代人の自由。なにか大きな質的な違いがあると言わざるを得ないのです。

以前、「なぜ人を殺してはいけないのか」という問いが話題を集めましたが、何をしてもよいという自由、何でもできるという自由……。私はそこに人間存在のもつ何か根源的な「悪」の問題があると感じています。現代人がいだく何をしてもよい、何でもできるという自由と、人間のもつ自己中心的な意志、キリスト教的に言えば「罪」の問題との関係。私はこの両者をリアルに関連付けて考えてみる必要があると思うのです。

湯川　大きな変化と言えば、社会ばかりでなく教会も以前とはずい分変わったように思います。静かに礼拝を守り、落ち着いて聖書を読むだけでいいのだろうか。時々、不安になります。

関口　私もそう思います。いろいろ難しい問題に直面している今の時代こそ、心の問題というか、宗教やキリスト教の出番だと思うのですが、しかし今の教会のあり方、動きが、そうした現代人の気持ちや課題と必ずしも歯車が合っていないのではないか。一信徒として、一社会人として、キリスト教の教え、ルターの教えから、何か本当に現代に響く大切なものを聞きたいと思っているのですが……。

宮本　教会と現代社会とが、うまく歯車が合っていないということは、確かに大問題ですね。大きく言えば、教会と世界、信仰と社会の問題です。この教会と世界の関わりについては、いろいろ考えねばならぬことが多いのですが、ひとつ、神学の世界でよく言われることは、私たちキリスト教の信仰というものが、ともすると一人ひとりの個人の問題、一人ひとりのその人の心のあり方にのみ狭く限られ、社会や世界や隣人の問題がなんとなく後に退いてしまうという傾向があったのではないか。神学用語では「信仰の私事化」といいますが、そういう反省があります。もちろん、信仰は一人ひとりが神と向き合うという心の問題が土台となりますが、しかし本来信仰の世界はもっと大きな拡がりを持っているはずです。近年、公共性という言葉が各分野で強調されているのですが、キリスト教においても「公共の神学」ということが語られはじめています。

江藤　もちろんキリスト教の世界でも、公共性という言葉を使う使わないは別ですが、昔から、この世の問題に関わってきたと思います。福祉の分野、教育の分野、それに最近では災害地へのボランティアなど、信仰者も積極的に社会に関わっています。しかし、それをもっともっと深く考え、もっともっと積極的に取り組む必要があるということでしょう。

自由と義認

江口　さて、そうした様々な課題に直面している二一世紀の私たちに、この五〇〇年前の『キリスト者の自由』はどう響くか。読むとすぐ分かるのですが、この本は前半と後半、二部構成になっています。前半が「自由」について、そして後半がその自由に裏打ちされた「愛の奉仕」について詳しく論じられています。ですから、よく言われるようにこの本は正確には「キリスト者の自由と、愛の奉仕」と言うべきかもしれません。その上、自由といっても実際書かれていることは、自由は自由でも、人間はそもそも自由だというようなことでなく、人間は神に救われたがゆえに自由だという論旨です。つまりズバリと言えば、この本は「自由」という言葉で、神の「救済」ということを語っているのです。つまりルター的に言えば「義認」の問題です。救済（義認）こそがこの本のまず第一のテーマですね。とすれば、改めて、二一世紀の私たちにとって救い（義認）とは何か……。

安田　私もこの本を読んでみて、改めてその問題の大切さに気付きました。と言うのも私の八十才の祖母のことですが、ちょっとひどい怪我をしました。それを周りに黙っていたのです。どうして知らせてくれないのと聞いたら、恥ずかしいと答えたのです。何が恥ずかしいのか、とビックリして聞いたら、自分が徳を積んでいないから怪我をしたと感じているらしいのです。よい行いを積んでいない、という感覚。教会の内側では、人間はよい行いによってでなく、神様の恵みによって救われるという、いわゆるルターの義認論が当然のように語られますが、教会の外ではそうではない、と感じました。

江口　なるほど……。教会の内側と外側との意識の違いということですね。キリスト教の教えが、まだまだ教会の内側にとどまっているということでしょう。先ほどの、教会と現代世界の動きが必ずしも歯車が合っていないという問題とも関連していますね。逆に言えば、こうしたルターの義認の教えの重要性を、人々にピンとくる形でまだまだ伝える必要があるということだと思いますが……。

湯川　ほんとうですね。私も今回改めてていねいにこの『キリスト者の自由』を読んでみて、ほんとうにすばらしい本だとつくづく思いました。読むたびに、新しく読める。確かに自由や義認のことが書かれている部分は説明も少し難しいところもありましたが、それでも何かとても大切なことが書いてある。教会の内側にいる人間にとっても、ほんとうに改めて教えられました。結局、自由の問題や救いの問題は、教会の内と外の区別なく、すべての人にとって最も大事だということでしょう。すべての人の課題だと思うのです。

石居　そこで思うのですが、先ほどの悪というか、罪というか、その問題です。今日のように教会の内外区別なく、すべての人が、たとえばIT化というような激動する現実の前で同じような共通した境遇というか、難しい問題に直面している。端的に言えば、「悪」の力の前に自らの生きる意味を喪失しかけている。われわれ現代人の魂が悪の力の支配の下で壊れそうになっているという問題です。悪の力のリアリティです。暴力と破壊衝動、より具体的に言えば、強い者が弱い人々を搾取する、格差社会、利潤追求の社会。更に言えば現代の偶像とも言うべき「核」の支配。ほんとうに現代人の魂は、悪や罪の力の前で苦しんでいると思うのです。今日、よくスピリチュアリティ（霊性）の重要性ということが強調されますが、それはこうした悪や罪の前での魂の苦しみと深く関わっているからでしょう。

そこで改めて、ルターが「罪と死と悪魔」と格闘したことの意味、「律法」や「神の怒り」の問題を真剣に考えたことの意味も、現代においてこそ、その重要性が浮かび上がると思います。つまり、ルターがあれほどキリストの「十字架」や「義認」ということを繰り返し繰り返し強調したことが、今日においてこそ、改めてその重要性を増していると思うのです。

ルターの神学はよく「十字架の神学」と言われていますが、もちろん一言で「十字架の神学」と言っても、いろいろな解釈があります。しかし、いずれにせよキリストの十字架がテーマの中心です。ルターがあれほど「罪」の問題にこだわったのも、十字架や義認の問題の重要性のゆえです。罪というテーマの重要性と深刻さ……。

江口　しかし、それにしても今日、教会の中で、あるいは説教の中で、「罪」という言葉を昔に比べてあまり聞かなくなったとよく言われていますね。なにかあからさまに大真面目に「罪」という言葉を言い出しづらい雰囲気があるのでしょう。私も一般大学で長らくキリスト教の授業をしてきましたが、やはり学生に向っていきなり「罪」という言葉は使いづらい。やはりていねいな説明がいります。当然のことながら罪という言葉の語感の暗さ、それが今日の人間には気に入らないわけです。現代人における罪意識の希薄さと言ってもよいのですが、問題はなぜわれわれ現代人はそのように罪意識が弱いのか、ということです。いろいろな分析が可能でしょうが、たとえば次のように考えることもできます。と言うのは、われわれ今日の人間は、いろいろ言いますが、結局つまるところ人生の目的を、快適なる自己実現、そこに見出しているからです。一生懸命、仕事をするのも、明るい家庭を築くのも、ボランティアに汗水流すのも、はたまた真剣に教会生活を送るのも、つまりは悔いのない人生を送りたい、充実した自分の人生を送りたい、本当の自分の実現、つまるところ自己実現です。そうであると、そうした一生懸命な自己を否定するかのような響きがする「罪」という言葉は、なにか微妙な違和感をかもし出すのです。

江藤　自己実現至上主義というわけですね。人生の目標を自分なりに打ち立てて、その実現のためにあらゆるものを動員し利用する生き方というわけです。しかし、『キリスト者の自由』が説く自由は、神からその人に与えられた自由をもって、自分の利益を図るのではなく、むしろそうした自分の自由からさえ自由になって他者、隣人のために生きるというか、共に生きることの中に、逆に祝福された自己実現があるということでしょう。それが第二部で集中的に論じられていることですね。

安田　よく自由と言うと、自己実現のためアレコレの自分をしばる束縛からの自由というように「○○からの自由」という風にイメージされますが、むしろ『キリスト者の自由』で言われている自由とは「○○への自由」、たとえば助けを求めている隣人と共に生きていく自由という具合に「○○への自由」とイメージした方が、事柄に即しているということでしょうか。

江口　そうだ、と思います。『キリスト者の自由』の一番のポイントは、一八世紀フランスの哲学者ルソーが主張したような、人間がそもそも生まれつき持っている自由ということでなく、ルターが開口一番書いた通り「キリストが獲得して下さった自由」、要するに神がわれわれ人間に与えて下さった自由ということです。ところが、その自由とは恐ろしいほど深い自由で、なんとそうした神が私に与えて下さったその自由さえも、隣人のために捨てることができる自由、それほどの自由ということですね。自分の自由を捨てることができるほど、人間は自由だということです。それが『キリスト者の自由』のあの有名な命題、キリスト者は自由な君主だけれども同時にその自由を行使せず、むしろすべての者に奉仕する僕だ、ということの意味ですね。

しかし考えてみれば、自分の自由を捨てることのできる自由とは、これは相当、根がしっかり強い人でないとできない、という気もします。ルターはヴォルムスの国会で皇帝カール五世の前で自説を取り消すことなく「われ、ここに立つ」と堂々と言い放ちましたが、この発言は相当、強い個を連想します。強い個です。私は最近、夏目漱石の有名な「私の個人主義」という講演を読みましたが、そこで彼は「自己本位」と言っている。これはもちろん、自分勝手な自己実現ということでなく、ルターの「われ、ここに立つ」という個と共通する強い個人です。そして、個の尊重ということで個人主義を叫ぶわれわれ現代人ですが、実は逆にこの肝心のほんとうの個がない、そこが問題だ、という気がします。いつも周りの顔色や評価を気にし世間に流されている。われわれ現代人は結局、この個が弱い。

安田　そうですね。しかし、ではどうしたらそうしたほんとうの力強い個が育つのでしょうか。そこが問題だ、と思います。そこで私が問題提起したいことは、LGBT（女性及び男性の同性愛者、両性愛者、性同一性障害など性的少数者の総称）のことです。最近、いろいろな所でこのLGBTのことが話題になっていますが、この問題で本当に悩んでいるひとがたくさんいます。そうした方から話を聞くと、従来の性の規範とは異なる性のあり方をしているわけですから、その人なりにジェンダーの混乱を感じ悩むわけです。本当に人知れず悩んでいる。そして、従来の世間の規範から考えるならば、そういう自分をどこか自分で肯定できないのです。それが悩みの正体です。自分を肯定できない。自分で自分を愛せない。深い自己への否定の思いです。そこが辛いわけです。ところが、まさにそういう自分を、神こそが自分の外から丸ごと受け入れて下さる、そういう自分を無条件でそのまま義しいとして下さる、まさに「義認」です。ルターの説く救い、つまりまさに義認ということです。これは一つの例ですが、そのように今日、自分の存在を丸ごとそのまま肯定できない、そういう悩みをかかえた現代人に、ルターの義認の教えは、まっすぐ届くのではないでしょうか。

江口　それは、実に大切なことを指摘して下さったと思います。ルターの義認の教えは、五〇〇年前の古めかしい型にはまった教えではなく、むしろ二一世紀の今日においてこそ、ますますその輝きを増すのではないかと思うのです。神の側からの一方的な全く無条件のその人の存在の肯定、まさに「ソラ・グラティア（恵みのみ）」ですね。

先ほど私は現代人は個が弱いと言いましたが、なぜ弱いのかと言えば結局、自分の深いところで自分を肯定できていないからだと思います。近年、ヘイトスピーチが問題になっていますが、特定の人種や民族や宗教に対して差別的な憎悪を叫んでデモなどをしている。しかしこれなども、そのようにある対象に対して憎悪を叫んでいますが、その実、叫んでいる自分自身を本当は自分が憎んでいる、自分で自分が肯定できない、その感情を、ある特定の相手にぶつけて憎悪を吐き出しているわけです。つまり丸ごと自分という存在を受け容れてくれる存在が、その人にないわけです。しかし、聖書の神は、人を無条件に丸ごと受け入れて下さると言っているわけです。これが義認であり、救いであり、恵みである。こうルターは言っていると思うのです。

江藤　まさに現代においてこそ、ますます聞くべき教えですね。考えてみれば、われわれ現代人は、いつも何かに追われている。他の人と比較して、どんなに多くの業績をあげたか、どんなに多くの仕事をしたか、どんなにすばらしい能力を持っているか、どんなに多くのお金を持っているか……、業績、能力、お金で、人間が評価されているわけです。そこに競争がおこり、格差が生じ、生きることがほんとうにむなしくなり、いやになる。これがグローバルな新自由主義社会、つまり我々の生きている世界です。

しかし、そうした業績中心主義・成果主義の社会の中でこそ、人間の救いは、その人の業績や能力でなく、神の「恵みのみ」によるという教えは、まさに福音です。人間の業績の積み重ねではなく、神の一方的な無条件の救い。神はその人のよき業の多寡によってでなく、その人が神の恵みを受け入れること、つまり「信仰」によって義（救い）を与えて下さる。まさに信仰義認論ですね。ルターの、というか聖書の、この救いの教えこそ、現代世界の混迷を解決する最もすばらしい教えに他ならないと思うのです。

教会生活

江口　さて、そうした中で、この『キリスト者の自由』には、教会というものについてもとても示唆に富む事柄が書かれていますね。

石居　具体的には『キリスト者の自由』の第一四項以下に、「全信徒祭司性（万人祭司性）」のことが、かなり詳しく説かれています。中世の世界が千年も続くと、どんな制度にも硬直化というか、何か組織の固定化が起こり、聖職者と信徒の間にもいつしか聖なる人々と俗なる人々という具合に身分的に聖俗二元論的ヒエラルキー（ピラミッド型階層組織）が生じていたのです。そこで宗教改革運動も起こるのですが、その中でもルターのいわゆる「全信徒祭司性」の考え方はとても大切だと思います。

中世の末期、つまりルターの生きていた時代ですが、社会の産業構造にも大きな変化が生じ、また他方、黒死病（ペスト）が大流行する。不安な不安定な時代だったのです。そうした襲い来る不安の中で、一人ひとりが神に助けを求めざるを得ない。一人ひとりが「神の前」に立つ、立たざるを得ない。つまり、実存的な信仰というか、一人ひとりが神と関係をもつわけです。誰かに任せておく、というわけにはいかない。神学の用語では「神の直接性」といいます。別の言葉で言えば、一人ひとりが直接実際に真剣に神の教え（言葉）を聴くことが大切なこととなるのです。神の言葉を聴く。つまり「説教」の重要性ですね。そして、そのことによって、一人ひとりの内にキリストが働く。パウロは「ガラテヤの信徒への手紙」二章二〇節で「キリストがわたしの内に生きている」と語っていますが、まさに一人ひとりの内にキリストが働く。ルターはこの本の中で、わたしたちキリスト者が「一人のキリストになる」と表現しています。では、そのキリストとは、どういう働きをなさるのか。人々のために仕える祭司の働きをなさった。ということは、我々信徒一人ひとりも、他の人々に対して祭司のように生きるということです。これが「全信徒祭司性（万人祭司性）」ということですね。

江口　なるほど、信仰する者すべてが、聖職者であろうと、一般信徒であろうと、等しく「神の前」に立ち、隣人に対してはその人に仕える祭司のような存在なのだ、というわけですね。聖職者であろうと一般信徒であろうと、その存在に価値の上下はない。同じである。全信徒がいわば祭司なのだ、というわけです。

そこで、その大前提を押さえた上で、私が『キリスト者の自由』を読んで改めてクリアな論旨だと思ったことの一つは、全信徒が神の前で隣人に仕える祭司であるという場合、その祭司の具体的な働き、務めのポイントとは何かが、それこそ実にクリアに指摘されている点です。と言うのは、ルターは祭司の務めとは、それは神に対する他者のための「とりなし」だと指摘しているのです。とりなし、です。つまり、ルターが万人祭司、全信徒祭司という場合、それはよく誤解されるように、一般信徒と牧師（祭司）に区別がなくなって、同じこと、たとえば礼拝の司式とか説教とかをしましょう、ということが主眼ではない。もちろん時と場合によって、そういう事もあると思いますが、それが主眼ではない。今まで牧師がいわば特権的にやってきた司式や説教を一般信徒もする権利がある、とかいうことではないのです。そもそも司式も説教も、それは特権でもなんでもない。時と場合によって必要ならば、それは誰がやってもよいのです。それを教会内の務めの分担として専門的に教育を受けてふつう牧師がやっているわけです。しかし、全信徒祭司性という場合、そういうことでなく、その「祭司」とは「とりなし」の仕事をするということなのです。もっとハッキリ具体的に言えば、教会の中で信徒どうし全員がお互いに「とりなしの祈り」をするということです。とりなしの祈りの輪、これが全信徒祭司性ということですね。教会とはそういう共同体だ、ということです。第二部で「愛の奉仕」が論じられますが、その土台にこの「とりなしの祈り」があると思います。

関口　教会全体が、そこに集まっている全員がお互いにとりなしと言うか、お互い同士相手のことを祈り合う、もっと言えば助け合い相談し合う。私は神学者のボンヘッファーの本を時々読んで本当に感銘を受けるのですが、彼もそういうことを語っていたと思います。教会がほんとうにそうなれば、と願っています。教会員どうしが祈り合い、相談し合い、アドバイスができる関係になる。しかし、実際そこが難しいというのも素直な実感ですね。一信徒として、牧師との関係、信徒どうしの関係、なかなか絵に描いたようにいかないのです。祈り合い、語り合うといっても、確かボンヘッファーが、今日語ることが明日、真実とは限らないと書いていましたが、そこがなかなか難しい……。

湯川　私もそう思います。祈り合うことは大切だと思いますが、教会の中だからといって私が語ることが相手にほんとうに伝わるということは難しい……。しかし、そのためにも相手の語っていることに耳を澄ますことが大事ですし、何よりも聖書が語っていることに耳を澄ますことがますます大事だと思うのです。そこで私がこの『キリスト者の自由』を読んで今回、一番感動したのは第一八項の「説教」についてルターが論じているところなのです。
説教というものが、ほんとうは何であるのかが説かれていると思いました。説教は、たんにイエス・キリストの生涯の解説であったり教訓が語られるのでなく、そうしたことが、この私に語られ、この私の信仰が実際に呼び覚まされ堅くされる、そういうものだと書いてあるように思いました。私の心が、ほんとうにキリストの言葉に耳を澄ます。先ほどから何度も、私たち一人ひとりがキリストになる、ということが語られましたが、説教に熱心に心を傾けることによって、そうなっていく……。

宮本　とてもだいじなところだ、と思います。毎週毎週、礼拝で説教をする牧師にとってみれば襟を正されるというか、もう一度、原点を指示される思いです。しかし、説教はほんとうに難しい。神の言葉を伝えるのですから当たり前かも知れませんが……。

江口　ところで、少し話題がそれるかもしれませんが、ルターの宗教改革運動が、（西欧）近代社会の始まりの一つの切っ掛けだとよく言われます。その近代という社会のあり方が、今やヨーロッパ以外の日本、アジアを含めて全世界に拡がっている。その功罪はあると思いますが、一つ言えることは、その近代を支える理念、それが近年よく強調される「人権」という考え方だ、と思います。そして、その人権ということの中心的な内容はと言うと、それが「自由」と「平等」ということです。そして考えてみれば、人間の自由を最も深く考え抜いた書物、それがまさに『キリスト者の自由』ですし、また平等ということに関しても、まさに一人ひとりが「神の前」にそれこそ直接平等に立つ、つまり先ほどから話が出ている万人祭司性の考え方に深い根がある。つまり近代社会を支える「人権」ということに、ルターの、この自由と平等の思想は深く関わっていると思うのです。そういう角度からもルターをもう一度、見直してもいいのではないかと思っています。

愛の奉仕　すべての人と共に

江口　さて、先ほども言いましたが、この『キリスト者の自由』は大きく分けて二部構成になっている。第一部が「自由」です。そしてその中身はと言うと、「義認（救済）」ゆえの自由ということでした。そして第二部は「愛の奉仕」です。神の恵みによって義とされ罪から自由となった者は愛の奉仕に生きる、というわけです。「自由」↓「愛の奉仕」という構成になっています。

関口　第一部に関わる「救い」の問題については、それこそ礼拝で毎週説教を通して学ぶ。まさにキリスト教の中心テーマですね。それに対し、現実の社会に生きる我々一人ひとりにとって現実に日々考えさせられるのは、第二部の「よき業」というか、「愛の奉仕」のところです。話の展開としてはわかるのですが、では具体的にどうすればよいのか……。一信徒として、その具体的な答えがほしいと思うのです。とくに先ほどもでてきましたが、「悪」の問題。世の中には、ほんとうに我々の力ではどうすることもできぬリアルな悪の力がある。その中で「愛の奉仕」とは、どういうことか。

わたしは一サラリーマンとして働いてきましたが、私が全力をそそいで関わってきた、その私の「職業」、これをどう考えればよいのか。ルターはこの世の一般の職業も、言うなれば神から与えられた召命（ベルーフ）だと言いましたが、そうしたことをどうとらえ直したらよいのか。

石居　大切なところですね。確かにルターは「職業」というものを神からの召命（ベルーフ）ととらえた。それぞれの仕事は神から与えられたものである。聖職者のする仕事だけが尊いのでなく、すべての職業がベルーフである、尊い。ところが、実はここからが問題です。現代のように産業構造が複雑化し、一体自分がこの世の中の複雑な仕組みの中で、どの部分をどのように担っているのかが本人にもわからなくなっています。こうした世界の中で、ルターが「職業＝召命」と主張した、それだけで事がすむのか、そこが問題です。仕事、職業といっても、一体そもそもそれが何であるのか。神からの召命としての職業（仕事）、それは、神が我々人間に本当に必要なもの、それを満たして下さるために、一人ひとりに仕事を与えて下さった。それゆえ、その仕事が神からの召命（ベルーフ）と言えたわけです。人間が生きていく上で本当に必要なもの、それを神は私たちに与えて下さる。

ところが、今日の仕事、現代の職業がそうなっているか。そこがおおいに疑問です。ブラック企業、ブラックバイト。人間にほんとうに必要というよりも、自分勝手な欲望の満足、貪欲なまでの利潤の追求、それが新自由主義とかグローバル経済といわれるものの実像ではないのか。ルターが夢にも考えなかった経済社会の出現。そうした中で、単純に「職業」イコール「ベルーフ」と言えるのか。真剣に考える必要があると思います。

江口 いやはや、何もかにもが一筋縄ではいきませんね。聖書の言葉やルターの言葉をオウムのようにそのまま繰り返せばいいとは、なかなかいきませんね。しかし、そうだとしてもやはり聖書の言葉やルターの言葉には、それだけで力があるというか、深い輝きがあるのも事実です。わけのわからない混乱した話を聞いたり底の浅い本を読んだりするよりも、ストレートに「聖書」そのものを読むことの方が大事だ、という気もします。私はよく学生に向って聖書を読むことを勧めましたが、実際は少し無理がある。第一、分厚すぎる。そこでよく、せめて「山上の説教（マタイ五〜七章）」を繰り返し読むことを勧めました。いろいろな解釈があるでしょうが、「山上の説教」には、福音と律法（倫理）とが、今日のテーマに関連付けて言えば、自由と奉仕とが混然一体となって語られている、とも言えます。

江藤　ところで、先ほども指摘があった通り、この『キリスト者の自由』は二部構成になっており、自由↓愛の奉仕となっています。そして、その「↓」のところ、ここが肝心だと思います。この「↓」のところに何があるのか。いわばそれがこの本を解く鍵ですね。この「↓」のところ、それはもう何度も、この座談会に出てきた言葉、第二七項にでてくる「わたしもまた隣人のために一人のキリストになる」という言葉です。神の恵みによる救い（義認）と自由、その結果私は隣人のための一人のキリストになった、その結果愛の奉仕をする……と、こうなるわけです。

「隣人のため一人のキリストになる」。ここが大事なところですが、実は『キリスト者の自由』にはドイツ語版とラテン語版の二種類がある。徳善義和先生によると、ルターは最初、当時の民衆が読めるドイツ語で書いた、その後、当時の学問の言葉であるラテン語でも書いたといわれています。ところがこの「一人のキリストになる」というところがドイツ語版では「一人のキリスト者になる」となっており、その後、その意味するところをハッキリさせるためラテン語版では「一人のキリストになる」と書いたようです。いずれにせよ、この本のキーワードはこの「隣人のために一人のキリストになる」にあると思います。一人のキリストとなって、私も隣人に奉仕する、愛の奉仕をする。

宮本　隣人への愛の奉仕について、ていねいに書かれているわけですが、ここでちょっと考えたいことは、この「奉仕」という言葉です。「奉仕」という言葉は、ふだんも比較的よく出てくる特別に難しい言葉ではありませんが、考え方によっては、なかなか微妙な響きの言葉でもある。滅私奉公。字句通り考えれば、この言葉は私の勝手な思いを滅して、人々（公）のために奉仕するということですから、ある意味すばらしい。しかし、実際の使われ方は、権力の前にただひたすら頭を下げているにすぎない姿が目に浮かびます。『キリスト者の自由』のドイツ語原文では「奉仕」は、ディーンスト（Dienst）、英語で言えばサービス（service）です。奉仕する。しかし現代、この奉仕するという感覚がほんとうに私たちの中に根付いているのか。むしろ奉仕すると言いながら、どこかで「ギブ・アンド・テイク（give and take）」ということが無意識に想定されていないか。よくボランティア活動といっても、奉仕することによって、その見返りをどこかで考えてしまう。「ありがとう」という一言の見返りでもよいのですが、どこかでそう考えてしまうのです。そもそも一方的な奉仕などあるのか……。どこか現代人はそういう風に考えていないでしょうか。微妙です。しかし、だからこそむしろ奉仕ということが真剣に考えられねばならないと思うのです。

また、たとえば教会で奉仕というと、すぐに教会の受付当番とか、オルガン奉仕とか、会堂の掃除などなど、どうしても教会内でやる仕事ばかりを連想してしまいます。もちろん、それも大事ですが、それだけがキリスト者のなすべき奉仕なのか。むしろ教会の外に出て、しかし一人のクリスチャンとして、信仰者ならではの奉仕の活動はないものだろうか。地域の中で、職場で、家庭の中で、クリスチャンとしての自覚をもって、何か奉仕の働きができないだろうか。

江藤　奉仕ということが、教会のための活動にとどまらずに、むしろ「教会の外」の人々のために、そうした人々と共になされるべきではないか、ということですね。それは、その通りだと思いますし、実際、私たちクリスチャンは「教会の内」のことばかりでなく、「教会の外」のことについても積極的に奉仕の活動をしてきたと思います。もちろん、力不足ではありますが……。しかし災害の時など、教会は積極的にボランティア活動に取り組んできました。阪神淡路大震災のときも、東日本大震災のときも、そして熊本地震のときも、教会として、できる限りの「愛の奉仕」をしてきたと思います。熊本のときは、ルーテル教会は「できたしこルーテル」という名称で活動したわけですが、教会としてできる限りのこと（熊本の方言で「できたしこ」）を全力を傾けてするという姿勢で取り組んだと思うのです。

宮本　本当にそうでしたね。教会が「教会の内側」のことだけでなく「教会の外」のために「教会の外」の人々と協力して事をすすめる。これが本当に大事だと思います。この座談会の初めにも言いましたが、近年、「公共の神学」ということが強調されています。「私」の魂の救いの問題だけでなく、社会全体の魂の救い、現実の改善、助け合い、つまり公共の問題こそ、力強く考えていこうという神学ですが、とても大事な視点だと思うのです。

江口　現在のカトリック教会のフランシスコ教皇は初の中南米出身の教皇ということですが、難民や社会的弱者に寄りそう「貧者の教会」をスローガンとして、世界の不幸な現実に対してとても積極的に発言し関与されていますね。カトリックとプロテスタントはこの五〇〇年、別々の道を歩み、当時としてはそれなりに意味もあったのでしょうが、今となってはあまり意味のない問題をめぐってもお互い誤解しあい反目してきましたが、今日の、この混乱と悪にそまった世界の現実を考えた場合、お互いのちがいを言っている場合ではないと思います。それこそ公共のテーマをカトリック、プロテスタントそれぞれの伝統を生かして共に協力してゆかねばと思います。第一、神様は「教会」だけを造られたわけではなく、この「世界」全体を創造されたのですから、教会の維持、信仰者の救いばかりでなく、それこそこの世界の維持、万人の救いをこそ神は意志しておられると思うのです。

プロテスタントにおいて、ルター、キェルケゴール、バルトといわば「実存の神学」が深められてきたわけですが、今や「公共の神学」こそが出番かもしれませんね。つまり、『キリスト者の自由』で言えば、第一部の「自由（義認）」が「実存の神学」の展開とすれば、第二部の「愛の奉仕」は「公共の神学」の展開ということになるわけですね。

宮本　ところで公共社会における宗教やキリスト教の役割ですが、震災ボランティアの際、キリスト教だけでなく仏教徒もその他、多くの宗教者の働きがありました。こうした場合、ともするとそのボランティアの場が、その宗教宗派の伝道・宣伝のチャンスとなってしまうことにもなりますが、大多数の宗教者はそうではなく、ともかく助けが必要な人々がそこに居るわけですから純粋に「愛の奉仕」としてボランティア活動をしました。当然だと思います。「宣教（ミッション）」という言葉は、今日では、狭く人々を教会にまねく「伝道」ということだけでなく、むしろ広く深く「伝道」、「教育」、「福祉」等々、包括的な概念として用いられているわけですね。そうしたことを踏まえて、しかし、それでも宗教には宗教の、キリスト教にはキリスト教の特有な「愛の奉仕」のかたちがあるのではないか……。たとえば震災ボランティアの場合、皆と一緒に協力して、倒壊した建物の後片付けや物資の調達などをすることは当然ですが、またそれとは別に宗教者として亡くなった方の供養というか、魂の平安を祈る……こういうかたちの「愛の奉仕」のあり方等、宗教ならではの働きがあると思います。これなども今後の「公共の神学」の課題ですね。

江藤　先ほども言いましたが、熊本地震の際、ルーテル教会は、それぞれの教会が、教会ならではの地域への奉仕をしたと聞いています。ある教会では老人施設に隣接しているので、お年寄りの方々の安心の場の提供とか、ある教会では赤ちゃんを持っている若いお母さんたちのためにオムツなどの品物を配ったり、お茶を飲んで話し合えることのできる場をつくったり……。教会が、周りの地域、社会と力を合わせてできることが、きっとまだまだたくさんあると思うのです。

そして思うことは、こうした公共社会にむけての「愛の奉仕」は、なにも災害ボランティアのときだけに現れるのでなく、むしろ潜在的恒常的に、ふだんの教会生活の柱となる大事な活動として自然に定着していくことが、今後ますます大事だと思います。もちろん、多くの教会で、こうした取り組みはもうずいぶんなされていると思いますが……。

福音の豊かさ

江口　さて、宗教改革五〇〇年ということで、あらためてルターの名著『キリスト者の自由』を取り上げ、キリスト者として何を考えるべきか、何をなすべきかなどなど、いろいろ語っていただきました。そろそろこの座談会を閉じようと思いますが、最後に一言ずつ述べてもらいましょう。

石居　どの時代もその時代に生きていた人にとっては難しいたいへんな時代であっただろうと思いますが、しかしやはり二一世紀は特別です。言葉の真の意味で時代の大きな曲がり角。こういう時代だからこそ、改めて信仰者として自分の立っている立ち位置を再確認することが大事であろうと思います。その意味でこの『キリスト者の自由』はキリスト教の基本中の基本をしっかり学べる本だと思います。まずは自分の足下をしっかり見つめる。

そして宗教改革五〇〇年ということで、カトリック教会とプロテスタント教会、わけてもルター派の教会が、教理の問題とか、教会間の問題ということだけでなく、共通して直面する現実の、今日の座談会での言葉を使えば公共の問題を共に考え解決に向けて歩むことが大切だと思います。

湯川　今までもいろんな機会にこの『キリスト者の自由』を学ぶ機会がありましたが、今回も改めて読んでみて、やはり多くのことを学びました。とくに「説教」について書かれているところに感動しました。説教を通して、キリストが私の心の中で呼びさまされ、信仰が堅くされる……ほんとうに、そうだと感動しました。

安田　この本で、ルターが自由や義認の教えを説いているところが、たんに昔の型にはまった正しい教理というのでなく、現実に生きている人々、とくに困難に直面し人知れず悩んでいる人々に大きな救いを与える、ということに気付きました。やはり義認の教えは大切ですね。

宮本　私はキリスト教というものをアジアの現実、日本の視点から、宣教論的にもう一度考え直し、公共の神学を内実のあるものにしていきたいと考えているのですが、その時やはりルターが重要です。そのためにも、ルターの「十字架の神学」の読み直しがとてもためになりましたが、今回『キリスト者の自由』を紐解いてみて、信仰というところから、どういう道筋を通って公共世界への実践に至るのかが改めてよくわかったように思いました。

関口　どうしたら信仰が、自分の生き方とうまく重なり合うのか。キリスト者の「愛の奉仕」ということが、言葉上の美辞麗句でなく、自分の生き方そのものとなりうるのか。何か不透明で問題ばかりが多い現実の社会、現実の生活の中で、こうしたルターの考え方にふれて、改めて私自身、何をなすべきかを考えたいと思っています。

江藤　ルターが説く自由とは、キリストが与えて下さる自由であり、それは他者のために奉仕ができるという自由であるということ。つまり、自由は人々をバラバラに解体してしまうのでなく、自分だけでなく他者のために生きることを可能にする。ドイツ語の自由、フライハイト（Freiheit）には語源的に結びつける、つまり共同性の形成というニュアンスがあるといわれますが、まさにルターの説くキリスト者の自由は、私たちの生きている世界に「新しい共同体」をつくりだすはずだと思うのです。考えてみれば「教会」という共同体こそ新しい共同体ですが、ともすると硬直した制度（的共同体）になっています。今回の座談会でも何度も出てきた

「公共」という言葉を使えば、教会こそが本当は真実の公共世界のモデルそのもののはずです。改めてルターのいう自由の奥深さに注目していきたいと思います。

江口　『キリスト者の自由』は第一部が「自由」、そして第二部が「愛の奉仕」ですから、つまるところキリスト者の自由と奉仕について書いてあるわけです。しかし、この本の第一行目には実は、「キリスト教的人間とは何であるか」と書いてあります。つまり、この本はキリスト教からみた人間論としても読むことができるわけです。そしてその中味が、人間とは神に義とされた（救済された）自由なる存在であり、愛の奉仕に生きる存在なのだ、というわけです。神に義とされ自由とされる、これは人間存在の受動的あり方、すなわち「受動性」ということであり、他者への奉仕に生きるということは、つまり人間は「共生」的存在なのだということです。そこで私なりに今後考えたいことは、「受動性」ということと、「共生」というテーマです。そして、その両者を結ぶもの、それが「私も一人のキリストになる」という言葉です。パウロもガラテヤの信徒の手紙二章二〇節でそのようなことを言っています。考えてみたいと思っています。

皆さん、長時間、ありがとうございました。

（文責　江口再起）

参考文献

『ルター著作選集』ルター研究所編、教文館、二〇〇五年
※「キリスト者の自由について」（徳善義和訳）が収録されている
『ルター著作集』第一集第二巻、聖文舎、一九六三年
※「キリスト者の自由（ラテン語版）」（山内宣訳）が収録されている
『キリスト者の自由・聖書への序言』石原謙訳、岩波文庫、一九五五年
『自由と愛に生きる――『キリスト者の自由』全訳と吟味』徳善義和、教文館、二〇一一年
『愛における自由の問題』北森嘉蔵、東海大学出版会、一九六六年
『熊野義孝全集』第一〇巻、新教出版社、一九八一年
※『キリスト者の自由』について」が収録されている
『マルチン・ルター――原典による信仰と思想』徳善義和、リトン、二〇〇四年
『ルターと宗教改革事典』ルター研究所編、教文館、一九九五年

あとがき

本書は宗教改革五〇〇年を記念して出版される。先日、五〇〇年を迎える準備のための「ローマ・カトリック／ルーテル共同委員会」に出席した。両教会の間にはすでに国際レベルで五〇〇年を迎える基本姿勢として合意があり、それは『争いから交わりへ（From Conflict to Communion）』としてすでに出版されている（教文館刊）。その委員会の席上、カトリック側の委員の一人から、カトリックとプロテスタントの五〇〇年に渡る長い「争い」と言うが、よくよく調べてみたらそれはお互い相手の意図を曲解した相互の「誤解」だったと言うべきではなかろうか、との発言があった。確かにそうだ。また私は“Communion”は「交わり」という微温的曖昧性がただよう教会用語よりも今日の世界で最重要なキーワードとして浮上しつつある「共生」と言いかえた方が事柄に即しているのではなかろうかと発言した。用語・訳語の是非はともあれ、宗教改革五〇〇年の精神は、「誤解から共生へ」ということではなかろうか。

さて、そうであるならますますルターが何をどのように考え行動したのかを正しく理解する必要があろう。その点で『キリスト者の自由』ほどふさわしい本はない。ルターが受けとめた聖書の教えを、実に骨太に論理的に組みたて論述している。信仰者の生のあり方が整理され述べられているのである。

また五〇〇年前の書物を二一世紀の我々が読むのである。ということは、今を生きるすべての現代人が共通に直面している課題という視点が読む際にはどうしても必要であろう。

こうした意図の下に、本書は編集されている。ルターの不朽の名著『キリスト者の自由』を読む際にぜひ手引きとしていただきたい。また特に教会やその他で共同で学ぶとき、ぜひぜひ学習会のテキストとして用いていただければと、切に願っている。

本書の編集・執筆はルター研究所（ルーテル学院大学・日本ルーテル神学校）の所員がおこなった。数回に渡る執筆のための勉強会、またルター・セミナー（二〇一六年六月）では参加者全員で検討していただいた。

所員の執筆分担は次の通り。

鈴木浩（ルター研究所所長）　「『キリスト者の自由』を読む人のために」及び主要テーマ「信仰義認」

立山忠浩（日本福音ルーテル都南教会牧師、総会議長）「宗教改革五〇〇年を記念して」及び主要テーマ「律法と福音」
江口再起（ルーテル学院大学教授）　主要テーマ「自由」
石居基夫（日本ルーテル神学校校長）　主要テーマ「全信徒祭司性」
高井保雄（日本福音ルーテル羽村教会牧師）　主要テーマ「信仰と行為」
江藤直純（ルーテル学院大学学長）　主要テーマ「愛の奉仕」

またルターの『キリスト者の自由』の翻訳は、徳善義和先生の訳文（抄訳）を使わせていただいた。徳善先生は数度に渡って『キリスト者の自由』を訳してこられたが、今回使わせていただいたのはリトン刊『マルチン・ルター―原典による信仰と思想』所収の訳文である。なお本書全体の編集等の整理は江口が担当した。

大石昌孝氏（リトン）には、いつもながらのていねいな出版作業をしていただいた。感謝します。

二〇一六年八月　　江口再起

『キリスト者の自由』を読む

発行日　2016 年 10 月 1 日

編著者　ルター研究所

発行者　大石昌孝

発行所　有限会社リトン
101-0061　東京都千代田区三崎町 2 -9-5-402
FAX 03-3238-7638

印刷所　互恵印刷株式会社

ISBN978-4-86376-050-9

ルター選集1

ルターの祈り

石居正己 編訳●四六判上製　119 頁　定価：本体 1,200 円＋税

愛するペーター親方よ、私は自分がどのように祈っているか、祈る時にどのようにふるまっているかを、できるだけうまくあなたに示そう。私たちの主なる神が、それよりもっとよく祈ることができるように、あなたにも、またあらゆる人にも教えてくださるように。アーメン（「単純な祈りの仕方」より）

ISBN978-4-86376-032-5

マルチン・ルター――原典による信仰と思想

徳善義和 編著● A5 判上製　239 頁　本体 3,000 円＋税

信仰の改革者、教会の改革者としての宗教改革者ルターの思想について、その「信仰と思想」という面から主な著作を通して抄を試み、ルターの信仰と思想の核心を示した。

この本が私の本来の、ひそかな願いに適って、ひとりひとりの読者の方がルターの信仰の一端に触れて、信仰の学びとし、現代の混沌の中で「生かされて、生きる」自らを発見するものとなりえるよう願っています。（「あとがき」より）

ISBN978-4-947668-64-6

ルターの慰めと励ましの手紙

タッパート 編・内海 望 訳●A 5 判上製　461 頁　本体 6,000 円+税

本書は 203 篇の手紙等を、11 のテーマ毎に時系列に並べて編集されています。従って、1519 年のルターと 1545 年のルターとを比較することができます。そこに見えてくるのは、ルターの神学（福音理解）の一貫性です。牧会者としてのルターは、状況の中で一所懸命に、彼が聖書から再発見した「福音に生きる喜び」を人々に伝えようとしています。宛先は、福音主義を信奉するが故に獄につながれている人、犯罪者、死に直面している人、愛する者を失い悲嘆の中にある人々、学生、同労の牧師、長男ハンス、妻ケーテ、領主、あらゆる人々を含みます。また、同僚の牧師に対する実際的なアドバイスもあります。（「訳者あとがき」より）

ISBN978-4-947668-76-9